Henri BEKKERS

ŒUVRES CHOISIES

CHANSONS — CHANSONNETTES — MONOLOGUES

Préface
de Monsieur [illegible] DOUTREPONT
Professeur
à l'Université de [illegible]

1927

ŒUVRES CHOISIES

A son dévoué Président Henri BEKKERS
pour son cinquantième anniversaire
d'écrivain wallon.

Hommage de profonde sympathie
du
ROYAL CAVEAU LIÉGEOIS
CERCLE LITTÉRAIRE

1876 - 1926

—— IMPRIMERIE ——
MARCEL FERAUCHE
—— BRESSOUX ——

Henri BEKKERS

ŒUVRES CHOISIES

CHANSONS — CHANSONNETTES
MONOLOGUES

— 1927 —

Henri BEKKERS

ŒUVRES CHOISIES

CHANSONS — CHANSONNETTES

MONOLOGUES

— 1927 —

PRÉFACE

Encore une préface, s'étonnera le lecteur arrêté dès la première page en ouvrant un livre où il avait droit d'échapper à pareille épreuve ? Car n'y a-t-il pas un peu d'outrecuidance à vouloir présenter au public un auteur et une œuvre qu'il connaît si bien et qu'il apprécie si hautement ? Aussi est-ce uniquement pour l'honneur et le plaisir d'être le premier à inscrire ici mon hommage que j'ai cédé aux instances des amis et admirateurs de Henri Bekkers.

Evoquerons-nous quelques incidents de sa longue et paisible et laborieuse carrière ? Né à Liége en 1859, dès son jeune âge il se sent attiré vers l'art du sculpteur ; il n'avait que neuf ans quand il modela de mémoire, avec un bonheur qui fut remarqué, le buste de son professeur de musique. Les Liégeois savent-ils assez que c'est Bekkers qui a pétri la gentille botteresse qui surmonte nos fontaines Montéflore ? Un jour, il avait vingt ans, après avoir suivi les cours de notre Académie des Beaux Arts, il fut présenté par son père, sur la terrasse d'un café bruxellois, au grand artiste Léopold Harzé, dont il devint et resta l'unique élève. Rentré à Liége au bout de cinq ans, on sait si le disciple, par ses groupes en terre cuite si goûtés et si recherchés parmi nous, s'est montré digne de la confiance et des enseignements du maître.

Mais quand et comment le futur statuaire devint-il d'abord écrivain wallon ? En 1875, âgé de quinze ans, Bekkers faisait partie du Cercle d'Agrément, que présidait Victor Raskin. Etant le plus jeune membre de la section dramatique, il se désespérait de ne pouvoir obtenir, des auteurs alors en vedette au programme des intermèdes, aucune chanson wallonne originale. Que faire ? Se servir soi-même ! Ainsi vit le jour sa première œuvre : C'èst pus fwért qui mi !, dont le succès le créa chansonnier. En 1886, entré au Caveau Liégeois, alors présidé par Joseph Willem, il ne tarda pas à cueillir abondamment, dans divers concours, les plus hautes distinctions, palmes, médailles et diplômes : An-avant lès pèheûs, Çou qu'on veût èt çou qu'on n' veût nin, Il a ploû d'sus, entre autres, le mirent hors de pair et lui valurent la grande considération. — Voilà quarante-un ans que Bekkers fait partie de la commission du Caveau, où il a conquis tous les grades, jusqu'à celui de président effectif, qui lui fut conféré en 1918. Qu'a-t-il donné, pendant son labeur de plus de cinquante années, à l'art de la chanson wallonne ?

Poète, sculpteur, musicien, chanteur et diseur éminent, le président du Royal Caveau Liégeois possède une souplesse de talent et une diversité d'aptitudes qui se manifestent avec bonheur dans les différents aspects de son œuvre poétique, où l'on sait que la Muse française est venue parfois chanter à côté de sa Sœur wallonne. Faite de chansons grandes et petites, de monologues, de récits, de tableaux de la rue, elle nous charme surtout par l'art d'approprier le choix des tons et des nuances à la variété des thèmes. Dans cette soixantaine de pièces, le souple écrivain qui se double d'un musicien et d'un chanteur, nous fait entendre toutes les cordes de la lyre : tour à tour, et avec un même succès, la grande et la petite patrie, la *vaillante Belgique et le cher coin de Wallonie de jadis et d'aujourd'hui ; nos grandes industries dans leur nimbe de feu, de fumée et de nuit ; les spectacles et les activités de la Nature dans leurs rapports avec nos joies et nos douleurs, nos souvenirs et nos regrets ; les tableaux touchants ou plaisants du foyer ou de la rue ; jusqu'à l'ingrate composition de circonstance, tous les sujets, du plus modeste au plus élevé, ont sollicité sa Muse et sa voix. Et partout il se trouve à l'aise ; partout il a l'air d'improviser.*

Car Bekkers est un virtuose de la chanson et de la poésie populaires ; aussi n'est-ce pas dans le texte inerte d'un imprimé banal qu'on peut découvrir les procédés de son art d'apparence si naturelle. Pour faire une bonne chanson, il ne suffit pas d'aligner, sur un air connu ou même nouveau, une série de couplets plus ou moins disparates. Il y faut d'abord une faculté d'observation, un don d'imagination, une manière spéciale de regarder les personnes et les choses, une certaine tournure d'esprit, bref un ensemble d'aptitudes que l'exercice peut bien perfectionner, mais que l'on apporte en naissant. Le vrai chansonnier sent le sujet, idée ou sentiment, chanter en lui en même temps qu'il le conçoit et le développe ; il lui faut une âme de poète et de musicien à la fois, une âme multiple où tout se reflète, le passé et le présent, le beau et le laid, le sublime et le ridicule, une âme tour à tour patriotique, enthousiaste, sentimentale, rêveûse, satirique, joviale, rarement aigrie ou même attristée. Car rire pour rire, et communiquer sa jubilation, rire de tout et de tous, sans d'ailleurs s'épargner soi-même, rire avec bonhomie, sans prétention ni recherche, se contenter souvent de sourire, en bornant la satire à de légères égratignures, voilà le mérite principal du chansonnier.

Ajoutez-y, puisque Bekkers est ici notre modèle, un don naturel de trousser le couplet et d'y rattacher sans effort apparent le trait final ou le refrain qui entraîne le tout ; l'art de saisir au vol et de rendre avec une sobriété expressive le détail caractéristique et plaisant ; une verve soutenue, même dans les sujets les plus maigres ; un tour d'imagination où l'on sent que l'habile élève de Harzé prête au poète ses yeux de sculpteur accoutumés à saisir les attitudes locales, les reliefs et les perspectives ; une morale de braves gens, sans modernité excessive ni pédantisme rébarbatif ; une langue aisée et coulante, avec une foison de traits d'esprit ; un vocabulaire expressif et pittoresque..., et vous aurez noté quelques-uns des mérites de l'un des rois de la chanson wallonne.

Sans doute, il en est qui jugeront sa morale un peu vieillotte et sévère, et que le Progrès ne trouve pas toujours grâce devant elle ! En ont-ils donc une meilleure et plus efficace à lui substituer ?

D'autres, non moins pédants, noteront que plus d'un morceau du recueil date un peu et que l'actualité n'y occupe pas toute la place ; mais n'est-ce pas précisément ce qui en fait le charme et le prix ? Evocations discrètes de quelques aspects de notre passé local, modes, coutumes ou institutions périmées, ces pièces vieillies ne sont-elles pas des pages charmantes et précieuses de la petite histoire ?

Mais qu'avais-je besoin de vous écrire tout cela, lecteurs et amis wallons ? Ne le saviez-vous pas peut-être mieux que moi ? Il est donc temps que je me taise pour que vous puissiez relire à votre tour, en les « tarlatant », les joyeux couplets de Henri Bekkers.

A. D.

CHANSONS

Lès vwès dès s'teûles Walones

Musique d'â minme

I

Totes lès s'teûles qui blawtèt-st-avâ l' cîr, èl nutêye,
Sont lès âmes di nos péres, nos tâyes èt ratayons ;
Eles riv'nèt vès nos autes, âs-eûres qui tot sok'têye,
Nos djâser dè passé dè bê payîs walon ;
Dès cis qu' ont fait r'glati leû nô divins l'istwére ;
Qu'ont-st-afranki lès-omes tot l' z-î d'nant l' lîberté ;
Dès cis qu' ont rèpwèrté lès lawris dèl victwére
Et qu' on-z-a rèclamé lès glwéres di nosse cité !

Rèspleû :

Hoûtez, qwand mêynut' sone,
Lès vwès dès s'teûles walones,
Tchanter, so lès vîs-airs di nos bês carilyons,
Li rèspleû qui nos tâyes rèpètît tot dè long :
" Efants, ni roûvîz mây' qui vos èstez walons ! „

II

C'èst nos grands rèvinteûs : dè Bueren èt dè Strailhe
Et lès Franchimontwès qui sôrtèt d' leû sârkau ;
C'èst tos nos bons mayeûrs : Beekmann èt Laruèlle,
Et les trinte deûs mèstîs qui nos wêtèt là-haut.

Dizeû les vîs clokîs dès tchèstês, dès èglîses,
Dè l' Cité d' Saint Lambièt, qu'is ont si fwér inmé ;
L'amoûr di leû payîs lès rassètche, avå l' sîse,
Adlé nosse vì Pèron, po l' quél is ont toumé !

(å rèspleû)

III

C'èst tos lès grands èsprits qui s'èvolèt dès êtes
Et k'sèmèt st-è bleû cîr tos leûs årdjintés feûs ;
C'èst les åmes dès årtisses, musicyins èt powêtes :
Dèlairesse èt Dèlcour, Grètry èt Dèfrècheux !
Et, qwand on vint d' disdu, sofèle sol Walon'rèye,
Lès spéres brèyèt lès nos d' Rodjîr èt Djambe-di-bwès
Et lès vwès rataquèt, divins 'ne doûce årmon'rèye,
Li bê tchant dès walons èt l' " Valureûs Lîdjwès ! ,,

(å rèspleû)

Qwand lès foyes toumèt !

I

Qwand lès foyes toumèt st-â pîd dès grands âbes,
Nos sintans l'iviér qui bouhe so noss' soû ;
Lès wêdes èt lès bwès div'nèt si minâbes
Qui l' nateûre a l'air d'ènnè pwèrter l' doû !
Tos lès bês foy'tés pièrdèt tote leû djôye,
Qwand lès p'tits oûhés qwitèt leû cîmèt ;
Is plorèt d' leûs foyes, leû boneûr èvôye,
Qwand lès foyes toumèt ! *(bis)*

II

Qwand lès foyes toumèt, li nateûre s'èdwème
Et lès amoureûs vèyèt so l' trèvint,
Qui totes leûs promèsses, sins î prinde astème,
Sont-st-avou lès foyes, èpwèrtêyes â vint !
Et come po mostrer qui tot-à-fait passe,
Octôbe avisse dîre âs cis qui s'inmèt :
Maîstrihez vos coûrs, ca, l'amoûr trèpasse,
Qwand lès foyes toumèt ! *(bis)*

III

Qwand lès foyes toumèt divins lès prairèyes,
Lès p'tits ni lès grands n' s'î v'nèt pus r'pwèser ;
Lès èfants n' fèt pus dès corones florèyes
Et lès djon-nès copes n'î v'nèt pus danser !

Lès vîs qu'î sont v'nous, må qu' cès-là n' vinèsse,
Di leû bê prétimp, qwand is s' ratomèt,
Kibin qui r'grètèt leû vigreûse djon-nèsse,
Qwand lès foyes toumèt ! *(bis)*

IV

Qwand lès foyes toumèt tot-avå lès êtes,
Racovyant lès pîres di nos trèpassés,
Nos nos rapinsans lès binamés êtes
Qu'ont lèyî dès r'grèts wice qu'is ont passés !
Lès cis qui n' vikèt qui po l' gloriyole,
Qu' inmèt lès grandeûrs, lès ôrs, lès ploumèts,
Divrît bin sondjî qu' tot çoulà rèvole
Qwand lès foyes toumèt ! *(bis)*

Li beûrlâ hoûle [1]

(LI HOUYIRE)

I

I fait co nut', èt sol tchåssèye,
On veût passer des gros åbyons ;
Ine masse di neûrs omes, kitchèssêye
Tot l' long des meûrs, èn' on toûbyon !
E li s'pèheûre, ine saqwè groûle :
On ô dès vwès qu' djåsèt tot bas ;
Des hiltîs d' tchin-nes èt dès bruts d' pas...
Et l' beûrlå hoûle !
Des hiltîs d' tchin-nes èt dès bruts d' pas !

II

E l'èwalpeûre d'ine blanke foumîre
Qui s'èsnonde, å cir, à moumint ;
On veût 'ne èsblawihante loumîre
Brotchî foû d'on neûr batumint !
Et, come dès bèrbis qu'on rapoûle,
Å feû dès lampes qui s'èsprindèt,
Lès omes, èl gayoûle, dihindèt...
Et l' beûrlå hoûle !
Lès omes, èl gayoûle, dihindèt...

(1) La Sirène mugit.

III

Mins, tot d'on côp, tot avå l' fosse,
Quéle trihèlrèye èt qué disdu !
Tos lès ovrîs qwitèt leû posse ;
Qui gn'a-t-i d'arivé, Grand Dîu ?
On dit qu'è fond dè beûre, i broûle...
Vite, å sécours ! C'èst l' feû griyeû !
A l'aide ! à l'aide, ås pauves houyeûs...
Et l' beûrlå hoûle !
A l'aide ! à l'aide, ås pauves houyeûs !

N.-B. — Cette pièce mise en musique par l'auteur, a été éditée par la Maison Muraille.

Li tchèteûte fome !

(L'OUHÈNE)

Musique d'å minme

I

Divins l' brouheûre, li vèye ouhène,
D'å lon, ravisse on gros s'pawta,
Avou s' longowe tchèteûte qui hène,
A tos lès vints, sès neûrs boufas !
Et lès tchaudîres, qui fît leû some,
Si dispièrtèt, rètchèt dè feû,
Ås maisses côps d' toke di leû tchåfeû...
Et l' tchèteûte fome !
Ås maisses côps d' toke di leû tchåfeû.

II

E l'air, ine cråsse èt s'pèsse foumîre
Si s'tåre å lon, so tot l' payîs
Et d' tchoke-à-tchoke, dès djèts d' loumîre
Eblamèt l' cir, come on brazi !
C'èst sol tèrisse, li broûlante home,
Qui riguinèye, tapant s' clårté
Sos les ovreûs dèl neûre cité...
Et l' tchèteûte fome !
So lès ovreûs dèl neûre cité.

III

Ås acîrèyes, wice qui l' fiér crame
Et qu' lès fornês hoûlèt tofér,
Lès omes, mitant-nous d'vins lès blames,
Fèt come tos diales è ciste infér !
Li deûr mètål, al volté d' l'ome,
Plôye èt s' kitwètche avou fracas
D'zo lès s'patas èt lès makas...
    Et l' tchèteûte fome !
Haut, lès s'patas èt lès makas.

IV

Tote li valêye èst-èblamêye !
Lès hauts-fornês, lès neûrs couplots
Et lès grossès fôdjes, èfoumêyes,
Tapèt leûs fwètes loumîres à flot !
C'èst noss' solo, d'èl nut', i lome
Noss' neûr payîs, di lådje èt d' lon,
Al glwére dès braves ovrîs walons...
    Et l' tchèteûte fome !
Al' glwére dès braves ovrîs walons.

Çou qui l' râskignoû tchante !

Musique d'å minme

I

Å mitan dè bwès, i n'a 'ne pitite sûre, (1)
Wice, qu'avou m' monkeûr, dji m'alève assîr ;
Ele amon-ne ine êwe si frisse, qui l'alûre (2)
Assètche adlé lèye, lès oûhês dè cîr !
Dj'î mina sovint, Mayon, m' binamêye,
Et nos î hantîs disqu'à l' fin dè djoû...
Adon, tot r'prindant l' vôye acoustumêye,
On djoû nos oyîs tchanter l' råskignoû...
Nos d'manîs so plèce, èt, Mayon, tronlante,
Mi d'ha : Qui dist-i divins sès råvyons ?
I tchante : Li Prétimp, lès Fleûrs, lès Påvyons,
Li Timp dès Amoûrs, ås doûcès vûsyons !
Vola, Mayon, çou qui l' råskignoû tchante. (*bis*)

II

C'èsteût è meûs d' may', l'årdispène florèye
Mahîve si sinteûre al cisse dè clawson ;
Nos nos grusinîs, timpèsse, a l'orèye,
Dès doûs mots d'amoûr qui nos d'nît l' frèsson !
Et, sol vért mossê, divins nos carèsses,
Nos nos fîs l' sièrmint dè n' måy' nos qwiter,
Adon, tot s'trindant Mayon d'vins mès brèsses,

(1) Sûre — Source.
(2) Alûre — Enjôleuse.

Vola l' råskignoû qui s' mète a tchanter !
Nos l'hoûtîs påhûles, èt, Mayon, tronlante,
Mi d'ha : Qui dist-i divins sès discoûrs ?
I dit : Bês hanteûs, discandjîz vos coûrs,
Profitez dèl vèye, lès bês djoûs sont coûrts !
Vola, Mayon, çou qui l' råskignoû tchante. (*bis*)

III

Asteûr, qwand dji passe adlé li p'tite sûre,
Wice qu'avou m' monkeûr dji m'aléve assîr,
Dj'ascohe, à grands pas, li vôye qui m' fåt sûre,
Sins minme prinde astème ås oûhês dè cîr !
Ca, dispôy' l'iviér, Mayon, m' binamêye,
Dwèm' èl cwène di l'ête, èn' on blan linçoû...
Et, tot seû, r'prindant l' vôye acoustumêye,
Si m'atome èco d'oyî l' råskignoû...
I m' dit : Pauve valèt ! qui l' mwért èst mètchante
Di v's aveûr hapé li djôye di vosse coûr !
Paç'qui po viker, sins but, sins amoûr,
Li vèye èst-ine tchèdge, on d'kwèlihe, on moûrt !
Vola, vola, çou qui l' råskignoû tchante ! (*bis*)

Èn avant lès Pèheûs !

Air : Gais enfants de Bacchus

Concours de la catégorie d'Excellence *(Sujet imposé)* ouvert entre tous les auteurs indistinctement. Prix unique (Médaille en vermeil)

I

Li cloke a rèsdondi ! Pèheûs l'eûre èst sonêye !
Li saze di Djun rivint come on bê djoû d' prétimps.
Foû d' leû wâde risètchans nos lignoûles aband'nêyes !
Å d'diàle lès longs djoûs d' frôye èt lès cis d' måvas timps !

Rèspleû :

Èn avant lès pèheûs ! adjustans nos lignoûles ;
Li pèhon va bètchî, va rimpli nos havroûles !
Apougnans nos banstês, nos ressûes èt nos poûheûs,
Tot brèyant : Sètche, i bètche ! Èn avant lès pèheûs !

II

Les êwes d' Oûthe è d'Amblêve ont dès djoyeûs rivadjes ;
Alons, clapants vèrdjeûs, dinans-nos î radjoûr.
Lès oûhês grusinèt d'vins lès bouhons såvadjes
Et l' tchaud solo d'osté va rèshandi nosse coûr.

(å rèspleû)

III

So leûs bwérds èstchantés, riqwèrans 'ne bèle lèhîve.
L'êwe èst come on mureû, on veût l' pèhon moh'ter.
Nos årans d'dja hapé må qui l' solo ni s' lîve.
Sètchans nosse plate botèye... èt k'minçans d'abwèsner.

(å rèspleû)

IV

Adon, bin påhûlmint, aprestant nos amwèces,
Nos seûyes, nos crins-marins, nos intches èt nosse trûlê ;
Fans plonkî nos vivreûs, nos nasses èt nos tchactrèsses ;
Montans so nosse banète èt tapans nosse cotrê.

(*å rèspleû*)

V

Et pwis, so l' fin dè djoû, qwand l'eûre sèrè passêye,
Nos n' n'irans pôr avou çou qu' nos årans d' pèhon
Et si n's' avans hapé po fé 'ne bone fricassêye,
Nos beûrans quéqu' hènas tot rèpètant l' tchanson :

(*å rèspleû*)

È m' bê payî Walon !

Air : Mon âme et Dieu

I

Bês p'tits oûhês, qui l' doûs prétimps ramon-ne,
Adlé l' clokî, là-wice qui dj'a nêhou ;
Dji r'tûse à lu, qu' dji qwita d'èstant djon-ne
Et, qu' par mâleûr, dji n'a mây pus r'vèyou !
Vos m' mètez l' coûr divins dès transes mortéles,
Tot m' rapinsant qui dj' ènnè sos si lon.
Ah ! qui n'a-dju, come vos autes, ine paire d'éles
Po rèvoler è m' bê payî Walon ! } *bis*

II

Bês p'tits oûhês, sins astème a s' ritchèsse,
Dj'inma d' tot m' coûr li fèye dè tchèsturlain ;
Li blonde èfant m'aveût fait piède li tièsse
Et chal, å lon, dj'a v'nou heûr mi chagrin !
Dj'a rèscontré bin dès feumes, èt dèsquéles ?
Mins, nole di zèles, ni m' fat roûvî Mayon !
Ah ! qui n'a-dju, come vos autes, ine paire d'éles
Po rèvoler è m' bê payî Walon ! } *bis*

III

Bês p'tits oûhês, qwand tot à fait r'florihe ;
Qui l' clér solo si s'tåre avå lès tchamps ;
Vos r'handihez èt tot vosse kwérp frusihe,
Qwand l'åmatin, vos grusinez vos tchants !
Mi, dji lanwihe èt d'vins mès eûres cruéles,
Dji n'ô minme pus nosse binamé djårgon !
Ah ! qui n'a-dju, come vos autes, ine paire d'éles
Po rèvoler è m' bê payî Walon ! } *bis*

IV

Bês p'tits oûhês, qwand l' cloke di nost-èglîse
Hiltèye âs grâces èt v' rapoûle â vî nid ;
Vos v's' èdwèrmez, bin pâhûles, è vosse djîse.
Mi, dji sos chal, tot seû, come on bani !
Bêcôp dès omes vis prindrît po modéle
Si savahît çou qu' c'èst qui l'abandon !
Ah ! qui n'a-dju, come vos autes, ine paire d'éles
Po rèvoler è m' bê payî Walon ! } *bis*

V

Bês p'tits oûhês, qwand vos r'veûrez m' viyèdje
Et nosse bèle Moûse, arèstez-v' â molin.
Amon m' vîle mére, pwèrtez on doû mèssèdje
Et dihez lî qui dj' ènn'a l' coûr tot plein.
Come in' èsclâve di mès sièrmints fidéles,
Dji lî r'vinrè co pus inmant qu'adon...
Ah ! qui n'a-dju, come vos autes, ine paire d'éles
Po rèvoler è m' bê payî Walon ! } *bis*

L'aweûre dè progrès

Air : Hôtes des bois

I

Avou l' progrès, on dit qui l' monde avance,
Mins qwand dji tape on côp d'oûy' èn' èrî,
Dji l'inméve mî kimint qu' èsteût d'avance,
D'aler trop reût, on pôreût s' trèbouhî.
Avou l' tchîr timps, on s' rissint dè damadje,
Li monde asteûr èst tot-à-fait r'toûrné ;
Nos p'tits èfants ont s'tu d'fwèrcis d'vant l'adje,
Volà l' aweûre qui l' progrès nos a d'né. (*bis*)

II

On n' vèya mây on pèrihèdje parèye,
Trop malignants, nos mâlureûs djon-nês,
Sont rabatous dès fièsses èt dès feum'rèyes
Et pé qu' dès trôs, beûrît cèkes èt tonès !
A dîh-ût ans, tos cès p'tits misèrabes
N'è polèt pus, leû kwérp èst tot ruiné ;
Is ravizèt lès vîs d'âs incurâbes,
Volà l' aweûre qui l' progrès nos a d'né. (*bis*)

III

Là qu' nos vèyans lanwi l' grande industrèye,
Tot florihéve, adon tot s' féve al main ;
Et lès ovrîs onorît leû patrèye,
Mins, pol djoû d'oûy' lès treûs qwârts morèt d' faim.
On prind dès feumes èl plèce d'omes al fabrique,
L'ovrî d'adreût, on l'èvôye porminer.
On fait l'ovrèdje, asteûr, al mécanique !
Volà l' aweûre qui l' progrès nos a d'né. (*bis*)

IV

Â bon vî timps li monde èsteût onièsse,
Nolu n'âreût prusté nou fât sièrmint,
Mins, pol djoû d'oûy', on z'èst div'nou cagnièsse ;
On n' pout viker s'on n' si fait dè tourmint.
C'èst po l'ârdjint qu'on marèye ine crapaude ;
On s' sint rondjî d'on song' èpwèsoné,
Pé qu' dès Djudas, on s' vindreût d'onk à l'aute !
Volà l' aweûre qui l' progrès nos a d'né. (*bis*)

V

Si, come on l' dit, noss' siéke èst pol loumîre,
On n'ô pus wère djâser d' frâtèrnité.
Li dynamite avou l' poûre sins foumîre
Vint co d'askûre li pauve umânité !
Sol tchamp d' bataye, i fât qu' tot-à-fait tome ;
I n'a pus rin qu'on n'âye imâdjiné !
Lès sofoquants distrûhèt tos lès omes !
Volà l' aweûre qui l' progrès nos a d'né. (*bis*)

VI

Anfin, d'vins l' peûpe on a l' grandeûr èl tièsse ;
Di tot costé, c'èst dès « dji vous, dji n' pous »
Qui, po s' fé gâye, vindrît pus d'ine ahèsse,
Sins mây' tûser qu'is sèront riknohous.
Oûy', onk èt l'aute, on qwîre di s' mète li mantche ;
On vout turtos, come li monde èst tourné,
Sètchî s' cou d' tchâsse bêcôp pus haut qu' sès hantches !
Volà l' aweûre qui l' progrès nos a d'né. (*bis*)

Dwèrmez mamés !

(HOSSEUSE)

Musique d'a Pierre Van Damme.

I

Tot èst påhûle avå l' nateûre ;
On n'ètind minme pus l' vint djèmi.
Et d'vins leûs nids tèhîs d' vèrdeûre,
Lès oûhês sont st-èvôye dwèrmi !...
Li fleûr so s' tidje si racrolêye,
Ele èst tote prète à s'èsokter ;
Sol timp qu'è bleû cîr, sins nûlêye,
Li leune a l'air di nos baw'ter !

Rèspleù

O vos, lès andjes bènis dèl tére,
Pitits èfants, ås tch'vès crolés ;
Dizos lès oûy's inmants d' vosse mére,
Dwèrmez, mamés d'vins vos blans léts.
Dwèrmez, mamés, dwèrmez !

II

Dwèrmez, mamés, nan-nez påhûles,
Disqu'å matin, mès chérs trèsôrs !
Dizo l' tchaud cofteû qui v' rafûle,
Dwèrmez, dji veûy'rè so vosse sôrt...

Divins vos sondjes, vos sonlez m' rîre,
Et vos d'hez dès mots qui dj' n'ô nin,
Mins, lès saqwès qu' vos volez m' dire,
Es fond di m' coûr dj'èls advène bin !
(*å rèspleû*)

III

Si vos k'nohîz måy' mi misére,
Si vos savahîz, bês dwèrmås,
Kimint m' pauve coûr di mére si sére
Qwand vos avez st-on p'tit båbå !...
Mès gros cint mèyes, î tûsez-v' minme ?
Et n'ètindez-v' nin m' vwè qui v' dit :
Dwèrmez ureûs, vosse mére vis inme,
Mès bês p'tits andjes dè paradis !
(*å rèspleû*)

Li vî song Èburon.

MARCHE

Air : Toast à la patrie

I

Vigreûs Walons, rotans d'zos l' minme banîre
Qui nos vîs tåyes ont tofér disployî
Po rèvièrser çou qui féve ine bårîre
Al liberté, bin, qu'is nos ont lèyî.
Rastrindans-nos èt rotans kwèsse à kwèsse,
Podrî sès pleûs ås coleûrs dèl nåcyon ;
Ås mots sacrés di l'Union fait l' fwèce,
Sut'nans nos dreûts divant l' Constitucyon !

Rèspleû

Lès cis qui vinrît måy' roter so nos avônes,
Nos l'zî brêrîs sol côp : haye ! èrî d' nosse Pèron !
Ca pol fé rèspècter, sèpez qui d'vins leûs vônes,
Lès Walons wårdèt co dè vî song Èburon !

II

Si nos léhans lès bês foyous d' l'istwére
Et lès hauts faits qu'èle nos a rapwèrté,
Nos î vèyans lès nos qui fèt nosse glwére,
Dès fîrs Walons toumés pol libèrté.
Nos autes, come zèls, s'on nos voléve riprinde
Lès clapants dreûts qui nos t'nans dè congrès,
On nos veûreût cori po les disfinde,
Å prumî côp, qui l' clairon nos houkrè !

(å rèspleû)

III

Rapinsans nos, nosse guére avou l' Holande,
Qwand lès Flaminds r'noyît l' Néerlandè,
Sins lès Walons, nos bastårdés frés d' Flande
Estît turtos s'tronlés dès Holandè !
Oûy', s'is pinsèt nos v'ni wayî sol vinte,
Nos k'hustiner èt fé l' maisse èl nåçyon,
Nos mosteûrans come è mèy-ût-cint-trinte,
Qui nos n' polans sofri l' dôminåcyon !
(å rèspleû)

IV

Si nos vìs péres, pos nost indépendance,
Ont mèrité dès corones di lawris,
A leûs r'jètons, nos d'vans dèl riknohance...
N'ont-is nin fait l' ritchèsse di nosse payìs ?
Qwand nos loukans tot avå l' Walon'rèye,
Leûs hauts-fornês, leûs ouhènes, tot dè long ;
Nos salowans cès pilés d' l'industrèye
Et nos brèyans, bin fwért : Vive lès Walons !
(å rèspleû)

V

Si nos avans dè fi so nosse kinoye,
Po riyoter, tot d'vizant nosse patwès,
Ni roûvîz nin qu' les vèyès tièsses di hoye
N'ont måy' båbî qwand d'vît dire ine saqwè.
Nosse frankisté di tos costés k'nohowe,
Avou l' bravoûre di Tchårlîr èt d' Rodjî,
Divant l'inn'mi, nos ìrans plins d' èhowe
Et nos moûrans pus vite qui dè bodjî !
(å rèspleû)

Oneûr â Câveau Lîdjwès.

Air : Le trembleur

Tchantèye å banquèt d'né po fièstî s' tite di Rwèyål.

I

Oûy', å vî Cåveau, c'èst fièsse,
Tos sès mimbes sont-st-èl liyèsse,
Li djôye èlsî monte èl tièsse,
Gråce à nosse binamé Rwè !
Il a 'ne pôsicyon socyåle,
Å pus haut hayon dèl håle ;
Vollà Sôcyèté Rwèyale !
Oneûr å Cåveau Lîdjwès ! (*ter*)

II

Li vî Cåveau fat sès proûves,
Lu, qu'a s'crît tant dès tchîf-d'oûves,
Et passé tant dès èsproûves,
Aveût mèrité n' saqwè !
Nosse vigreûse sicole walone
Est-st-èritîr d'ine corone
Qui r'lû so s' vîle åbarone ;
Oneûr å Cåveau Lîdjwès ! (*ter*)

III

Si l' Cåveau va d'vins l'istwére,
I d'vrè sûr ine pårt di s' glwére,
Ås omes di tièsse di nawère,
Qui l'ont miné wice qu'il èst !

Di Willem, wårdans l' sov'nance,
Nos lî d'vans dèl riknohance
Et, qui s' no faisse, come d'avance,
Oneûr å Cåveau Lîdjwès ! (*ter*)

IV

Asteûr, hay ! qu'on s'aprèstêye
A beûre on vère dèl botèye.
Ni fåt-i nin qu'on fièstêye
Tos lès priyîs dè bankèt ?
Ni d'manans nin cou-so-hame,
Buvans-st-al santé dès dames
Et brèyans turtos dadrame :
Oneûr å Cåveau Lîdjwès ! (*ter*)

Nôces d'ôr.

Musique d'a Pierre Lejeune

I

Di l'èglise, lès hiltantès clokes
Fèt rèsdondi leûs pus doûs tchants;
Dès djoyeûs mots sortèt dès bokes,
Tos lès visèdjes sont r'glatihants.
On s' pins'reût al fièsse dèl porotche,
C'èst fleûrs èt drapês tos costés.
Et tot avå lès rowes, on potche,
C'èst qu'on fièstêye on djubilé.

Rèspleû

Sol doksåle, tchanteûs prindez djîse,
Disqu'å cîr èlèvez vos vwès ;
On r'bènih', oûy', à noste èglise,
Deûs coûrs qu'ont s'tu loyîs d'vant Diè !

II

Après cinquante ans d' bon manèdje,
Nos vèyans, chal, tot awoureûs,
Deûs djins come å djoû d' leû marièdje,
Qui s'inmèt come dès bin-ureûs.
Binåhes di s' ritrover èssonle
Avou leûs fis, leûs p'tits èfants.
Pusqui l' boneûr, oûy' nos rassonle,
Amis, buvans ! Amis tchantans !

(*å rèspleû*)

III

Qwand on passe ine si bèle cårîre
D'on d'mèy' siéke avou l' djôye å coûr,
Mès bravès djins, vos polez dîre
Qui vos avez k'nohou l'amoûr !
Po coroner vosse vikårèye,
Dji v' sohête qui, d'chal vingt-cinq ans,
Vos r'montéz' lès grés dèl mairèye
Po fièstî vos nôces di diamant !

(*å rèspleû*)

A Moncheû Postula.

Air : Le dieu des bonnes gens (de Béranger)

I

Come dji r'passéve po c' rowe chal, di l'ovrèdje,
Tot èwaré d'ètinde on s'fait disdu,
Dji m' dimanda divant 'ne parèye arèdje
Çou qui poreût st-aveûr è l'institut ?
Dji l'aprinda, mins dji fouris tot bièsse,
Qwand l' vèye mèsquène, a d'mèy' flamind, mi d'ha :
Vous savez pas, aujourd'hui, c'èst le fièsse,
A Moncheû Postula. (*bis*)

II

D'ine ascohêye, dji fouris-t-èl mohone,
Cà, po v'ni chal, dj'a d'vous candjî d'mouss'mints ;
Mète mi djîlèt, mi neûre fraque èt m' marone,
Qui dj' mète âs fièsses èt po lès ètérmints.
Di m' vèy' si bê, mi feume fat 'ne drole di tièsse,
Qu'on p'tit londi dj'aveûs sôrti m' djama.
Mins, dji lî d'ha : Dji m' vas sohaitî l' fièsse
A Moncheû Postula. (*bis*)

III

Avâ l' samin-ne in' fât nin qu' dj'ènnè vâye ;
Mi feume n'inme nin, on rinteûre sovint târd.
Portant qwand c'èst po n' saquî qui m'ahâye,
Ele mi stitch'reût co voltî quéque patârs.

Dji lî dèris : C'èst-ine bone kinohance
Qui m' fat tant d' bin qwand c'èst qu' dji postula...
Adon, d'ha-t-èle, mostrez dèl riknohance
A Moncheû Postula. (*bis*)

IV

Po m' fé plaisir, èle si mètreût st-è qwate,
Ossu, sol côp, monta-t-èle å prumî ;
Foûs dè ridan, prinda 'ne bèle blanke crawate
Et m' dimanda si dj'aveûs po foumî.
Dji lî dèris : nèni, m' binamêye Båre,
Mins, dji troûv'rè, qwand c'èst qu' dji sèrè là,
Si dj' vous foumî, dj'årè vite on cigåre,
D'a Moncheû Postula. (*bis*)

V

Anfin, vos m'là, dji racour reûtabale,
A l'institut, oûy', i fårè tchanter.
Li qwinze D'julèt', on pout bin fé trikbale,
Ca noss' Hinri, nos l' divans buskinter !
Dès omes come lu, nos nnè trovans pus wère,
Dji direûs bin qu' ènn'a pus come cilà.
Ossu, Mèscheûs, lèvans turtos nosse vère,
A Moncheû Postula ! (*bis*)

L'Expôsicyon d' Lîdje.

Air : 1804. Marche française. (Ah va, la terre est ronde).

I

Valureûs Lîdjwès, disployans avou fîrté,
Dè haut d' noss' Pèron, lès coleûrs di noss' Cité.
L'aireûre dès bês djoûs si lîve â payîs walon,
Li pus rèspècté di lâdje èt d' lon !
Âs ètrindjîrs,
Nos sèrans fîrs
Dè poleûr mostrer noss' bê Lîdje èt s' grand hâgnèdje,
Wice qu'on veûrè
L'ârt èt l' progrès
Qu'âront fait d'vins tos lès mèstîs,
Tos nos sincieûs ovrîs !

Rèspleû :

Totes lès nâcyons dè monde,
E noss' bê payîs, si vinront djonde ;
Dizos nos âbarones,
Nos l' zî tress'rans dès corones !
L'oneûr nos houke al glwére,
Lès lawrîs sont lès fleûrs dèl victwére ;
I fârè qu'on lès ramoye
Âs payîs dès Tièsses di hoye !

II

Lès cis qui vinront nos vèyî, n'âront nou r'grèt ;
Al' vol, is diront : Lîdje avance avou l' progrès,
Et, s'il èst l' payîs dès armes èt dès ârts ancyins,
Il èst ossu l'ci dès musicyins ;

Ca, nos avans
Dès grands savants
Divins lès ârts, divins lès scyinces èt l'industrèye.
Et nos tchanteûs,
Cès fîrs lûteûs,
Qui nos riv'nèt coviérts di fleûrs,
Avou tos lès oneûrs ! *(å rèspleû)*

III

Tos nos visiteûs sèront d'vins l'admirâcyon
Qwand c'èst qui veûront nosse clapante expôsicyon !
Is s' pôront d'vèrti, sins astème å lèddimain,
Avou lès Lîdjwès, qu'ont l' coûr sol main.
Is admirront !
Lès invirons,
Lès bwérds dès Èwes d'Oûthe èt d'Amblève èt noss' [bèle Moûse ;
Nos batumints,
Nos monumints,
Qui glorifiyèt lès Walons
Et fèt r'glati leûs noms ! *(å rèspleû)*

Li Diu dès Boches.

Air : Le chant des wallons

I

Lès kaisèrliques, divant di s' mète en guére,
Pinsît turtos qui veûrît l' toûr Eifel ;
Cès ènocints comptît wangnî l' victwére
Paç'qui, d'hît-is, God èsteût avou zèls.
Ci fourit God qu'èlzî d'na dèl bravoûre
Po ravadjî lès payîs wice qu'ont s'tu.
Si c'èst-ainsi qu'èlzî fat leû koultoûre,
Li Diu des boches, c'èst-on drole di bon Diu !
Si c'èst-ainsi qu'èlzî fat leû koultoûre,
Li Diu dès boches (*bis*), c'èst-on drole di bon Diu !

II

Mins leû kaîsêr, grand manitou d' l'Almagne,
Lu qu' prétindéve tofér èsse li pus grand,
Si mådjinéve dè twèser Charlemagne,
Tot nos fant l' guére, vormint, come on brigand !
Après 'ne hapêye, il intra-st-è colére,
Qwand i vèya God, si pô s' mèler d' lu ;
Pôr qu'il aveût so lès reins, l'Anglètère,
Li Diu dès boches, c'èst-on drole di bon Diu !
Pôr qu'il aveût sos lès reins, l'Anglètère,
Li Diu dès boches (*bis*), c'èst-on drole di bon Diu !

III

Tos cès bôdårts frankihît noss' frontyére,
Sins z'avu d' keûre dè r'noyî lès traités ;
Mins Lîdje a s'tu, por zèls, on cimityére,
Qwand d'vant sès fôrts, is fourît-st-arèstés.

On l'zî prova qu'is n'èstît wêre di taye,
Ca lès p'tits bèlges lès rouflît turtos djus !
Si c'èst-ainsi qu' lès minéve à l' bataye,
Li Diu dès boches, c'èst-on drole di bon Diu !
Si c'èst-ainsi qu' lès minéve à l' bataye,
Li Diu dès boches (*bis*), c'èst-on drole di bon Diu !

IV

Li grand moudreû qui s' pinséve maisse dè monde
Paç'qu'i saveût qu'il èsteût l' pus r'craindou,
Ni s' dotéve nin qu'on djoû Foch l'aléve djonde
Et qui d'vreût pôr dire : God mi toûne si cou !
Qwand i vèya qu'il aveût fait fâsse route,
Et qu' sès saudârts si fît s'plinkî l' cabu,
Elsî brèya : kamerades, pas kapoute !
Li Diu dès boches, c'èst-on drole di bon Diu !
Elsî brèya : kamerades, pas kapoute !
Li Diu dès boches (*bis*), c'èst-on drole di bon Diu !

Nos avinrans.

Musique d'å minme

I

Oûy' i n'a pus rin qu'on n' troûve
Câzî d'vins totes lès nâcyons,
I n'a nou djoû qu'on n' dishoûve
Dès novèlès invencyons.
Li Progrès rispåd l' Siyince,
Adon, camarådes, ovrans !
Avou fiåte èt pacyince,
Nos avinrans ! (*bis*).

II

S'on va vôter pol comeune
Ou bin pol Gouvièrnèmint,
Nos n'avans qu'ine vwè chaskeune
Qwand lès ritches ènn' ont bråmmint.
Sol peûpe, is ont l'avintèdje,
Mins qwand nos nos ètindrans,
D'aveûr turtos l' minme vôtèdje,
Nos avinrans ! (*bis*).

III

Tos lès ans l' djoû dè tirèdje,
On veût passer lès conscrits ;
Et s'lét-on so leû visèdje,
Çou qu'èst cåse di leûs displis.

Abolihez cisse lotrèye
Qui done avintèdje âs grands !
A siërvi turtos l' Patrèye,
Nos avinrans ! (*bis*).

IV

On dit qui d' vins l' classe ovrîre,
Bêcôp mâquèt d'instrukcyon ;
Is n' savèt ni lére ni s'crîre
Et n'ont nole édukâcyon.
S'on fwèrcihéve pére èt mére
A mète è s'cole, leûs èfants,
Â d'joû qu' tot l' monde sârè lére,
Nos avinrans ! (*bis*).

V

Gros héres avou vosse ritchèsse,
Vos n'èstez nin djènèreûs,
Vos avez l' grandeûr èl tièsse
Et l' mèpris dès mâlureûs.
Sondjîz qui si haut qu'on l' pète,
Onk èt l'aute, qwand nos moûrans ;
Â grand djârdin d'al copète,
Nos avinrans ! (*bis*).

CHANSONNETTES

Èle passéve èl Grande Bètche!

Médaille d'or au concours littéraire du Caveau Liégeois.

Air : Elle était souriante.

I

Ele ni m'aveût djåsé qu'ine fèye,
On bê dîmègne, å Walhala ;
C'èsteût ine bèle èt grande djon-ne fèye,
Adon, por lèye, dji m'èbala !
Ele aveût l'air si come i fåt,
Qu'on z-åreût dit l'fèye d'on ritchå !

Rèspleû

Li lèddimain, èle passéve èl Grande-Bètche,
Avou s' cokmåre po-z-aler fé s' cafè.
Tot l' rivèyant, må-pingnèye, avou s' twètche,
Vos comprindez si çoulà m' fat d' l'èfèt !

II

Ele èsteût moussèye al grande môde,
Avou n' vwèlète, on grand tchapê ;
Vos årîz dit Clèo d' Mèrôde,
Tél'mint qu'èle èsteût blanke di pê !
Avou sès neûrs tchivès crolés,
Sès tchåses à djoû, sès p'tits solés !

(å rèspleû)

III

Ele m'aveût dit qui l' vin d' Champagne
Esteût l' ci qu'èle inméve li pus.
L'osté qu'èle aléve al campagne,
En' on tchèstê, dè costé d' Hu.
Qu'èle èsteût d' naihance di Tchâlon,
Qu'èle ni comprindéve nin l' walon !
(*å rèspleû*)

IV

El inméve li musique èt l' danse,
D'après çou qu'èle m'a raconté;
Ele aveût tot èn' abondance,
Ca c'èsteût ine èfant gâté.
Tot l' sipôsant, m'aveûs-dju dit :
Mi pan sèreût cût po todis !
(*å rèspleû*)

V

Ele m'aveût conté qu'è s' mohone,
On î r'çûvéve lès hautès djins;
Qui s' matante èsteût st-ine barone
Et qu'èle aveût bêcôp d' l'årdjint.
Qu'èle aprindéve l'Espéranto
Et qui s' pére aveût st-ine auto !
(*å rèspleû*)

VI

Ele m'aveût dit qu'èle håbitéve
A Frågnêye, adlé l' novê pont ;
Qui c'èsteût råre qwand èle sôrtéve,
Télmint qu'è s' mohone i féve bon.
Qui c'èsteût là, l' pus bê qwårti,
Qu'il î fève on n' pout pus haitî !
(*å rèspleû*)

VII

Adon; tot lî d'hant qu' dji l'inméve
Et qu' djèl voreûs voltî s'pôser,
Ele mi rèsponda qu'èle hantéve,
Qu'a lèye, i n' faléve nin tûser !
Dji m' vola minme aler nèyî !
Dji n' comptéve måy' èl rivèyî !

(*å rèspleû*)

VIII (*pol bis*)

Ele aveût dit tant dès afaîres,
Qui, qwand nos nos avans qwités,
Ele aveût tût'lé sîh grands vères
Di champagne avou dîh pâtés.
Ossu, dj'åreûs bin d'vou k'sinti
Qu'èle m'aveût tot dè long minti !

Rèspleû finål

Li lèddimain, on m' dihéve èl Grande Bètche :
Ele dimeûre là, wice qu'on danse ås catchèts ;
Li pére lès lîve èt dè djoû, pwète ås sètches ;
Lèye, èle fait l' truk èt s' mére vind dès hotchèts !

Li coleûr dès rubans.

(RONDAU)

Air : Sans le savoir

Nozés rubans, gâgâyes inmés dès feumes,
On v's-a pwèrté divins l' djôye èt l' doleûr ;
Vos ahâyîz mî qui l' fleûr ou qui l' pleume
Et, sorlon l' cas, vos discandjîz d' coleûr !

Sol monde ètîr, vos avez trové plèce :
Pitits flokèts, corons d' sôye ou d' satin ;
El classe ovrîre, come èl pus haute nôblèsse,
On v's a vèyou voltî di tos lès timps !

Li djon-ne maryêye qui finihe ine fahète
Pol ratindou, dirè : C'èst-anoyeû
Dè n' nin saveûr qué ruban qui dj' deûs mète,
Si c'èst-on rôse ou bin si c'èst-on bleû.

Li p'tite bâcèle, asteûr va fé sès pâques,
C'èst l' rafiya d' pére èt mére èt d' l'èfant
Et so s' blanke rôbe, âfisse qui rin n' lî mâque,
Li dame-costîre va mète on blan ruban.

Tos lès èfants di nos s'coles comunâles,
Avoû fîrté, li djoû qu'on rind lès pris,
Pwèrtèt l' ruban âs coleûrs nacyonâles,
Come in' oneûr qui rindèt st-â payîs !

Al d'jon-ne maryêye ossu, sorlon l'usèdje,
On lî distèle ine djârtîre â banquèt ;
Mins, fwért sovint, li loyin qu'on lî sètche,
N'èst qu'on ruban qu'on pârtihe à boquèts.

Lès décorés po vingt-cinq ans d' sièrvice,
Et qu'on rawåde à l' gåre dès Guillèmins ;
On l' zè riknohe à leû ruban, tot frisse,
Il èst-a rôyes, mahî, neûr èt cårmin.

Lès fîrs walons, podrî leûs åbarones,
A leûs grands mwérts : Rodjîr èt Djambe-di-bwès,
Vont tos lès ans l'zî pwèrter dès corones
Avou l' ruban dès valureûs Lîdjwès !

Ine vèye grand'mére, lèye, èst d'manowe tote seûle
Avou l' fårdê di sès quatre-vingts-ans,
Et, s' rapinsant tofér, si måle siteûle,
Mète on bonèt avou dès neûrs rubans !

I nos d'meûre co lès hérôs dèl grande guére,
Nos invalides èt nos braves combatants ;
Tos lès valyants qui s' sont coviérts di glwére,
Qu'ont leû stoumak tchèrdjî di tos rubans !

Nozés rubans, gågåyes inmés dès feumes,
On v's-a pwèrté divins l' djôye èt l' doleûr ;
Vos ahåyîz mî qui l' fleûr ou qui l' pleume
Et, sorlon l' cas, vos discandjîz d' coleûr !

Dè timps dè vî bon Diu.

Premier prix au concours littéraire du Caveau Liégeois.

Air : Le mollet de Rose

I

Lès djins d'oûy', à m' sonlance,
Sont co pé qu' dès payins ;
Is n'ont pus nole crèyance,
Dèsmitant qu'å vî timps :
On crèyéve ås macrales,
Ås spéres, à qwè sés-dju ?
On crèyéve minme å diale !
Dè timps dè vî bon Diu.

II

Po sûre lamôde, on pwète
Dès foû lådjes pantalons ;
Dès bot'kènes à bètchète
Avou dès plats talons.
Sins solés ni sins tchåsse,
Sins tchapê sol cabu ;
On nn'aléve sins cou-d' tchåsse,
Dè timps dè vî bon Diu.

III

Asteûr, qwand on s' vout bate,
C'èst l' såbe ou l' pistolèt ;
Disqu'à l' mwért, nom di pate !
Lès djins s'ènnè volèt.

S'on s'aveût d'né pingnèye,
Come si rin n'aveût s'tu,
On s' dinéve co 'ne pougnèye
Dè timps dè vî bon Diu.

IV

Po hanter sol marièdje,
On r'qwîre ine feume d'årdjint,
Mins, c'èst l' diale è manèdje,
On n' si dût nin sovint.
Sèreût-c' minme ine cocote,
Oûy', on n'èst nin là-d'sus ;
On r'qwèréve ine mascote,
Dè timps dè vî bon Diu.

V

Totes lès feumes sont curieûses,
C'èst-ine laide quålité ;
Pôr qu'èles sont d'ja vîreûses,
Çoulà s' veût tot costé.
Qwand c'èst qu'on lès r'mosteûre,
I fåreût bouhî d'sus ;
Eles candjît st-à posteûre,
Dè timps dè vî bon Diu.

VI

S'on s' pormon-ne avå l' vèye,
On èst sol côp nåhî ;
On qwîre, å pus abèye,
On tram po s' fé k'hèrtchî.
On rotéve, qui dj'arawe,
Quatwaze eûres èco pus ;
On n'èsteût nin si nawe
Dè timps dè vî bon Diu.

VII

Lès auteûrs, pol djoû d'oûy',
Fèt turtos dès tchansons,
Mins, c'èst dèl poûde ås ouy's,
Sins rîme èt sins raison.
Li ci qu'a fait m' pasquêye,
On l' direût bin d'vant lu,
Aveût co dès îdèyes
Dè timps dè vî bon Diu.

On n' si plaind nin qwand on s'a bin plaihou !

Air : Le quartier latin

I

On 'nnè veût tant sol coûse di s' vicårèye,
Qui qwand l' hasård vis rassonle on moumint
Åtoû d'ine tåve ou d'vins quéque bone eûrêye,
On roûvèy'reût disqu'å pus grand tourmint.
Pitit-à-p'tit, li coûr si mète al fièsse,
On tchante, on beût, tant qu'on seûy' ripahou
Et l' lèddimin, si minme on z-a må s' tièsse,
On n' si plaind nin qwand on s'a bin plaihou ! } *bis*

II

L'ovrî qu'ouveûre tos lès djoûs dèl samin-ne
Est tot djoyeû di vèyî v'ni l' sèmdi ;
I tûse adon qui va lèyî là s' tchin-ne,
Tot on long djoû, por lu, c'èst l' paradis !
Qwand vint l' dîmègne èt po bin qui l' djoû s' passe,
I prindrè s' feume èt sès p'tits djôn-nes avou ;
Et po riv'ni, s'i ploût minme à lavasse,
On n' si plaind nin qwand on s'a bin plaihou ! } *bis*

III

S'on rèsconteûre måy' on vî camaråde,
Divins 'ne gargote, on va moussî sol côp,
Beûre ine bwèsson qui v' rindrè l' coûr malåde,
I va co bin s'on n' divint nin mwért-sô.
Al fin dèl sîse, on n'a pus dèl finance,
I fåt qu'on s' bate ! èt, qwand on s'a batou,
S'on va passer li nut' al parmanance,
On n' si plaind nin qwand on s'a bin plaihou ! } *bis*

IV

Li ci qui vout goster l' djôye è manèdje,
Si plaind sovint d'aveûr bêcôp d'èfants.
Ou bin dirè qui lî fåt dè corèdje
Po z-aklèver tos cès p'tits diàles-rènants.
E sacrèmint, i n'a 'ne saqwè qu'èl djin-ne,
C'èst qu' tos lès ans, s' manèdje èst racrèhou.
Bin, dès r'djètons, qwand c'èst qu'on n'n'a n'dozin-ne!
Qu'on n' si plains-s nin c'èst qu'on s'a bin plaihou ! } *bis*

V

Si come on l' dit, i fåt qu' tot-à-fait tome,
Li vèye èst coûte èt po n' nin l' rigrèter,
Tchantans l'amoûr tot côp qui l' coûr s'alome,
Tant qu'on z'èst djon-ne, on deût 'nnè profiter.
Qwand on d'vint vî, on z'èst djalot sol s-autes,
On z'èst halcrosse, on z'èst flåwe èt tchènou...
Et s'on n'èst pus aconté dès crapautes,
On n' si plaind nin qwand on s'a bin plaihou ! } *bis*

VI

On djôn-ne marié lanwihéve è s' manèdje
Avou s' bèle-mére ! (caractére infèrnål ;
Si bin qu'on djoû, Mårtin mostra s' corèdje,
Lî d'na 'ne peingnèye èt passa l' tribunål !
Mi, dji pinsa qu'ènn' aveût 'ne pôn-ne amére,
Mins lu m' dèrit : Çoulà n'èst rin du tout ;
Treûs djoûs d' prihon po mascåsser s' bèle-mére } *bis*
On n' si plaind nin qwand on s'a bin plaihou ! }

L'Automatique.

Pièce couronnée au concours littéraire du Caveau Liégeois.
(Médaille d'argent).

Air : Ce que l'on dit tout bas

Volant vèyî l'Automatique
Dovyért a Lîdje, chal dièrinn'mint,
Et savu k'mint qu' çoulà s' pratique,
Dji visita l'étåblis'mint.
Tot z'intrant dji vèya 'ne cocote
Mète ine pèce di cinq censes è trô,
Et, sins tårdjî, l'ancyin-ne mascote
Riçûva 'ne låme di curaçô !
Adlé lèye, on comichonaire
Qu'èsteût dèdjà sol houpe-di-guèt,
Mèta 'ne pèce come à l'ordinaire
Et sètcha 'ne grande gote di pèquèt !
Adon c'èst-on capitålisse
Qui s'arèstêye a l'agayon,
Après aveûr loukî so 'ne lisse,
Dèrit qu'aléve beûre on bouyon !
Après lu, vochal on gros mon-ne,
On soflé, qui rote a pîds-d'hås.
Divant l' manuvèle i s' pormon-ne
Po beûre ine jate di chôcolåt !
V'la qu'inteûre in' agent d' police,
On tantafaire, on grand pièrot
Qui vout, tot z'èstant co d' sièrvice
Apistagrawer dè faro !

On houssî sètchîve dè vinêgue
Po z'acomôder s' tièsse di vê ;
A costé d' lu, c'èsteût on nègue
Qui buvéve on bol di lècê !
Adon, vochal ine vèye botrèsse
Qui s' pinséve intrêye å Mayèt,
Et, sins nole djin-ne, li vèye cak'trèsse
Pompêye ine copète di cafè !
A s' toûr, on vî moncheû d' Brussèle,
On laid pindårt, on fin matchot,
On sûveû di p'titès båcèles,
Gosta d'abôrd on p'tit mitchot !
Adon-pwis, tot on parintèdje
Di djins qui riv'nît d'å Tchåtroû,
Intrèt divant dè fé l' pårtèdje,
Afisse di beûre ine gote di doû !
Volant mète si djêve è carodje,
Vochal li r'présintant Demblon
Qui dit : Dji m' vas beûre on p'tit rodje
Å succès dè mouv'mint Walon !
Tot d'on côp, v'là nosse borguimaisse
Aconkwèsté d'in' èchevin
Qu'inteûre èt va tot dreût vès l'caisse,
Candjî po prinde on vère di vin !
L'èchevin qu'èsteût tot èn' êwe
D'aveûr mes'ré pol novê pont,
Dèrit : Dji m' vas beûre on vère d'êwe !
Enn' aveût pus è l'agayon !
Po fini, mi minme, dji m' présinte,
Come dji n'aveûs co rin mètou,
Dji hèra 'ne pèce è li p'tite finte
Et n' vèya rin sôrti du tout !

Li bon Diu n' veût nin tot çoulà.

Air : Les Noisettes

I

Pol djoû d'oûy, so nosse pitite tére,
On n' sét pus k'mint fé po viker.
L'ovrî s' plaind qu'il a dèl misére
Mâgré qu'oûveûre a s' sansouwer.
So quéque bon scot n' freût mây' li hègne,
Mins, c'èst à hipe, qwand c'èst qu'il a
On p'tit bokè d' tchâre li dîmègne !
Li bon Diu n' veût nin tot çoulà.

II

Asteûr, totes lès p'titès costîres,
Qwand c'èst qu'èles passèt l'â dîner,
On l'zè prindreût po dès rintîres.
Et qwand èles s'alèt porminer,
Eles ni sôrtèt pus sins 'ne vwèlète ;
Eles ont dès rôbes a falbalas
Et sovint nole tchimîhe à mète.....
Li bon Diu n' veût nin tot çoulà.

III

Ossu, bêcôp di cès damzèles
Ni tûsèt pus qu'a s' gâlyoter,
Et po pwèrter sôye èt dintèles,
Ni savèt so qué pîd roter.

Di leû vî pére, èles n'ont pus d' keûre,
Ca, sovint l'oneûr, on l' tape là
Po s' fé k'miner d'vins 'ne bèle vwèteûre...
Li bon Diu n' veût nin tot çoulà.

IV

Loukîz d'vins tos nos ministéres
Et d'vins nos administrâcyons,
Vos î veûrez sakwants gros héres
Qui nos costèt dès bês milyons.
Is ont sovint dès intritnowes,
Tchèstês, campagnes ètcétèra...
Sol timps qu' nos sètchans l' diâle pol quowe !
Li bon Diu n' veût nin tot çoulà.

V

On dit qui n's èstans-st-èl Belgique,
Turtos égâls divant li lwè.
Âs élèkcyons, dji veûs, ma frique,
Qui bêcôp d'ovrîs n'ont qu'ine vwè.
Is n' sont nin pus bastâs qui l' s-autes
Po casser lès oûs d'vins l' minme plat,
Mins, c'èst d' sogne qui n' gâtèsse li vaute...
Li bon Diu n' veût nin tot çoulà.

VI

Èn n'a dès cis qu' ont tant d' forteune
Qu'is n'èl sârît compter tot seû,
Et qu'is d'hèt todis : « C'èst da meune »,
Sins nole astème â pauvriteû.
Is frît bin âhèy'mint l'âmon-ne,
Mins n' lèyèt mây' toumer 'ne hîve d'a ;
C'èst come saint Lambièt qu'on pormon-ne...
Li bon Diu n' veût nin tot çoulà.

VII

Li Christ dihéve a sès apôtes,
Tot lèsî mostrant l' tcharité :
« Inmez-v' bin lès onk èt lès autes »
Divins l' påy' èt l' fråtèrnité.
Sol monde, asteûr, dji n' veûs qu'ine coûse
Di Ponce-Pilåtes èt d' fås Djudas
Qui v' touw'rît po v' haper vosse boûse...
Li bon Diu n' veût nin tot çoulà.

C'èst pus fwért qui mi !

Ma toute première œuvre, écrite en 1875.

Musique d'å minme

I

Asteûr, dji sos-st-ås incuråbes,
Li timps èst v'nou di m' rispwèser.
Mins l' mårdi, qwand on z'a fait m' båbe,
Tot timprou, vos m' vèyez biser !
Dji vas r'trover m' pauve vèye Bèbète,
Rowe Vértbwès, èt dji n' pous sôrti
Sins l'aveûr båhî-st-à picète,
C'èst pus fwért qui mi ! (*bis*)

II

Qwand dji hantéve avou Bèbète,
Asteûr, dji v' parole dè vî timps !
Nos nos rindîs st-è Fond-Pirète
Wice qu'on danséve tot-å-matin.
Mins dji sos vî, dji pwète bèrique ;
Dji n'ô pus bin tot çou qu'on m' dit...
Mins qwand dji veûs djouwer l' musique,
C'èst pus fwért qui mi ! (*bis*)

III

Amon lès feumes èt lès bèguènes,
Li clapète ni pout s'arèster.
Po rintrer, dji sos so dès s'pènes,
Di sogne qu'on n' mi veûsse halcoter !

Ni v' mètrez-v' mây' pus è ribote,
Fait Maseûr, promètez-l', ainsi ?...
Vis djurer di n' pus beûre li gote,
C'èst pus fwért qui mi ! (*bis*)

IV

Dji m' sovins todis qu'è m' djon-nèsse,
Dj'èsteûs djoyeû come on pîsson ;
Tos lès dimègnes dj'èsteûs-t-al fièsse,
Et dji potchîve come on critchon !
Oûy', qwand dji veûs co dès bâcèles
Qui v'nèt fé dès cèkes âtoû d' mi,
Si dji vous potchî tot come zèles...
C'èst pus fwért qui mi ! (*bis*)

I n'a dèl plèce po turtos.

Pièce couronnée au concours littéraire du Caveau Liégeois.

Musique d'å minme

I

Dj'ô sovint dire qu'èl Belgique,
L'ovrî n'a nin crås magnî ;
Qui n'a nin po z-atch'ter 'ne tchique
Avou l' djoûrnêye qu'a wangnî !
Asteûr, qu'on novè djoû s' lîve
È neûr payîs dè Congo,
S'i n'a nin sogne dèl djène fîve,
I n'a dèl plèce po turtos ! (*bis*)

II

Qwand on rèsconteûre sol vôye,
In' ome qui vint dè flåwi ;
Qui d'zos l' misére, si cwérps plôye,
Traze méd'cins v'nèt pol sognî !
Qwand c'èst-ine flåw'té qui deûre,
Ås Anglès, n'a-t-i nin co ?
Po prinde li bouyon d'onze eûres ;
I n'a dèl plèce po turtos ! (*bis*)

III

Si vos èstez sins ovrèdje
Et nol aidan d' raspågnî ;
Qu'è vosse pauve pitit manèdje,
Lès èfants sont sins magnî !

Hapez-on pan d'vins 'ne botique,
Al vol, on v' hérè st-è pot !
A Saint-Lînå, là, mafrique,
I n'a dèl plèce po turtos ! (*bis*)

IV

L'ovrî d'héve qui d'vins l'årmèye
On n' vèyéve nou ritche roter ;
Qui po chèrvi leû patrèye
On n' lès vèyéve ènn' aler.
Oûy', ci n'èst pus come nawère,
Chaskeun' a s' plèce å solo !
D'vins l' chèrvice obligatwère,
I n'a dèl plèce po turtos ! (*bis*)

V

On s' plaind turtos dèl vèye tchire,
Qui tot n' fait qui dè r'monter !
Qui fåreût st-avu 'ne minire,
Oûy', po poleûr résister !
I n'î fåt nin prinde astème,
Si nos n' wangnans nin l' gros lot ;
A Hogstråte ou bin Rèckème,
I n'a dèl plèce po turtos ! (*bis*)

VI

Di tos lès djårdins dèl vèye,
C'èst l' ci d' l'Aclimatåcyon,
Qui l' comeune subsidiyèye
Tot côp, sins obsèrvåcyon !
Tot l' monde î deût fé twèlète,
On n'î r'çût nin lès sårots !
Å Tchåtroû, l'ci dal copète,
I n'a dèl plèce po turtos ! (*bis*)

Todis trop tchaud!

Air : Embrasse-moi Ninette !

I

Dji hante ine grosse flaminde,
Mins, dj'ènn'a pus qui m' sau.
Mès djins, i fåt-st-ètinde
Qu'èle a todis trop tchaud !
Qwand dji sorte avou lèye
Åfisse di nos d'vèrti,
Ele èst sol côp d'soflêye
Et, rat'mint, èle mi dit :

Rèspleû

Je l'aie tchaud Colas,
Je l'aie tchaud !
Alaie pas si vite,
Si vite, si vite ;
Alaie pas si vite,
Ou djèl va toumer la !

II

Avou lès sôres di gosses
Rin n' dimeûre å martchî.
Mi, di r'kwèri lès grosses,
Dji n' såreûs m'èspêtchî.

Mins, cisse-chal, sainte Bablène,
Ni pout câzî roter ;
Ele èst coûtrèsse d'alène
Et n' fait qu' dè rèpèter :
(å rèspleû)

III

Qwand dji fas si k'nohance,
C'èsteût-st-å carnaval ;
Qui dji lî d'manda 'ne danse
Divant dè qwiter l' bal.
Å doû son dèl musique,
Tot fant nos prumìs pas,
Dj'ètinda m' grosse mann'zique,
Mi marmoter tot bas :
(å rèspleû)

IV

Po vèyî s' parintèdje
Et m' volant présinter,
Nos conv'nîs qu'è s' viyèdje,
Dj'îreûs d'vant dè hanter.
Nos avîz l' coûr plin d' djôye
Tot z'alant prinde li train,
Mins, tot dè long dèl vôye,
Ele rataqua s' rèfrain :
(å rèspleû)

V

Pinsant qui l' biciclète
Lì poreût fé dè bin,
L'aute djoû, dji fas l'emplète
Dès vis p'neûs d'a Protin !

Çome èle ni m' poléve sûre
Qwand nos rôlîs sol quai,
Et n' polant nin m' raskûre,
Ele brèyéve come on vai :

(å rèspleû)

VI

Nåhî d'on s'fait hantèdje,
L'aute djoû, dji lî d'manda
Po nos mète è manèdje,
Adonpwis dji lî d'ha :
Mi coûr, come ine sitoûve,
Est tot broûlant d'amoûr,
Enn'è volez-v' ine proûve ?
Ele mi dèrit tot coûrt :

(å rèspleû)

VII

Anfin, di m' pauve Trînète,
Dj'ènnè d'vins si nåhî,
Qui dj' vas l'èvoyî mète
Ine bonète a Matî !
Çou qu' dji v' dis, c'èst-st-al bone,
Dji n'a qu'a l' fé roter
Et, come on grafofone,
Vos l'ôrez rèpèter :

(å rèspleû)

Dji sowe !

Air : Le p'tit frère à Fernand.

I

I n'a dès djins qui sont-st-al fièsse
Qwand is vèyèt l'osté riv'ni,
Li tchaud timps lès mète è liyèsse,
Mi, dji m' rafèye qui seûye fini !
Cès-là n'ont rin qu'èl-zè tourmète,
Ossu, dji sèreûs bin djalot,
Qwand dj'èlsè veûs qu'is s'alèt mète
Tote ine djoûrnêye è plein solo.
Sor zèls, lès tcholeûrs ni fèt rin,
Mins, sor mi, c'èst tot difèrint !

Rèsplei

Si pô qu' dji m' rimowe,
Dji sowe ! dji sowe !
Dispôye li tièsse djusqu'ås pîds,
Nut' èt djoû, dji sos mouyî ;
Dji tome di m' maclote !
Dji gote ! dji gote !
Dji gote qui c'èst målèreû,
Eco pé qu'on pureû !

II

Dji sowe insi dispôye tot djon-ne,
Tot naihant, dji souwéve dèdjà,
Å pont qui m' mére aveût dèl pon-ne
Et souwéve à souwer mès draps.

Di m' vèyî souwer, mi songue sowe
Et dji m' rèclame a tos lès saints !
Ossu, dji m' vas priyî Saint-Sowe,
Po qui m' wåde tofér è m' plein-sins.
Dji m' sins d'fali, dji sos-t-a bout ;
Dji sos come on vî tch'vå forbou !

(å rèspleû)

III

Li mårdi dèl fièsse èl tchåssèye,
Å bal, dj'ala po m' divèrti
Avou m' crapaute, tote blanke moussèye,
Et dj'ènn'ava minme on r'pinti.
Po nn'aler, ci n' fourit qu'ine coûse,
Dispôye si mohone djusqu'a là.
Come onk qu' åreût toumé d'vins l' Moûse,
Dj'ô bin qui dji souwéve dèdja !
Qwand èle mi d'manda po danser,
Dji lî dèris, po lî r'fûser :

(å rèspleû)

IV

L'aute djoû, mi pinsant co bèrnique,
Dji m' fas visiter d'on docteûr,
Qui d'hat : qu' dj'èsteûs neûrasténique !
Wice a-t-i vèyou qu' dj'èsteûs neûr ?
I m' rikmanda dè sûre, al lète,
Sès ôrdonances, po m' riwèri ;
D' fé dèl lute ou dèl biciclète,
Mins, so çoulà, dji lî dèris :
Prinde ine pôcyon, çoulà pass'reût,
Mins, po fé dè spôrt, dji n' såreûs :

(å rèspleû)

V

Anfin dji n' fais nou bin sol monde
Et dji n'a pus nou gosse po rin ;
Come ine lîve di boûre, dji m' veûs fonde,
C'èst çoula qui m' fait l' pus d' chagrin.
Si bin qu' îr, mi propryétaire,
Tot måvas, m'apwèrta mi r'non,
Dji gota si tél'mint al tére,
Qui l'êwe aveût trawé l' plafond.
Et dji bague so l' corant d' l'osté ;
On m' tape à l' ouhe di tot costé !

(*å rèspleû*)

Il a ploût d'sus !

Primée au concours littéraire du Caveau Liégeois.

Musique d'ǎ minme

I

È c' monde chal tot-à-fait passe,
    Djôyes èt chagrins ;
Li mèyeûs' acîr si casse
    Al longue dè timps.
On tchapê qu' èst passé d' môde,
    On nn'èst d'gosté ;
Å fî-fond d'ine vèye comôde
    On l' va r'trôcler !

Rèspleû

Il a ploût d'sus ! (*bis*)
Turlu turlu tutu.
Divins l' lavasse,
Li vint qui passe
A r'tourné l' paraplu.
Il a ploût d'sus ! (*bis*)
Turlu turlu tutu.
Po lès riquètes,
On l' pout bin mète,
Il a ploût d'sus !

II

On candidat va v' promète
  Ås élèkcyons,
Qu'å Consèye, i frè st-admète
  Vos pèticyons.
Mins, vol' chal robète di crôye,
  In' wèsse moti ;
Totes sès promèsses sont st-èvoye
  Pol laid Wåtî !

Rèspleû

Il a ploût d'sus ! (*bis*)
Turlu turlu tutu.
Divins l' lavasse,
Li vint qui passe,
A r'tourné l' paraplu.
Il a ploût d'sus ! (*bis*)
Turlu turlu tutu.
Po lès riquètes,
On lès pout mète,
Il a ploût d'sus !

III

Loukîz bin l' djon-nê qui hante,
  Il èst reût sot !
Pol crapaute bèle èt ross'lante,
  I trèfèle tot !
Mins, après quéqu' meûs d' marièdje,
  Il èst r'pahou ;
L'amoûr broûlant dè hantèdje,
  S'a distindou !

Rèspleû

Il a ploût d'sus ! (*bis*)
Turlu turlu tutu.
Divins l' lavasse,
Li vint qui passe,
A r'tourné l' paraplu !
Il a ploût d'sus ! (*bis*)
Turlu turlu tutu,
Po lès riquètes,
On l' pout bin mète
Il a ploût d'sus !

IV

Li pîd-d' sok d'a Charlèmagne
Tome à bokès ;
On djoû dè costé d' l'Almagne,
I frè l' plonkè.
Andrî Dumont, toûne dè make
Plin d' vért-di-gris !
Et l'ci qui d'mande ine noûve frake,
C'èst l' pauve Grètry :

Rèspleû

Il a ploût d'sus ! (*bis*)
Turlu turlu tutu.
Divins l' lavasse
Li vint qui passe,
A r'tourné s' paraplu.
Il a ploût d'sus ! (*bis*)
Turlu turlu tutu.
I d'mande à r'mète
Ine noûve jakète,
Il a ploût d'sus !

V

Pol djoû d'oûy', dès djon-nès fèyes,
N'ont nin qwinze ans,
Qu'èles ont dèdjà s'tu hantêyes
Di traze galants !
Leû stoumak n'èst qu'ine clicote,
Çoulà n' boute pus ;
Eles volèt passer mascote,
Mins, leûs vèrtus !

Rèspleû

Il a ploût d'sus ! (*bis*)
Turlu turlu tutu.
Divins l' lavasse,
Li vint qui passe
A r'tourné l' paraplu.
Il a ploût d'sus ! (*bis*)
Turlu turlu tutu.
Po lès riquètes,
On lès pout mète,
Il a ploût d'sus !

C'èst todis pé !

Couronnée au concours littéraire du Caveau Liégeois.

Air : Tot bin douc'mint.

I

A tos côp nos ètindans dîre
Qui nos sûvans l' vôye dè progrès ;
Qui nosse siéke èst l' ci dèl loumîre,
Qui sèrè-c' pôr li ci d'après ?
Portant, si nos léhans l'istwére,
Di tot timps l'ome a s'tu trompé !
Et lès feum'rèyes ni candjèt wère, } *bis*
C'èst todis pé ! (*bis*)

II

A saze ans dj'èsteûs sins malice :
Dji n' saveûs çou qu' c'èsteût qu' l'amoûr ;
Èt, qwand dji sètcha dèl milice,
Rin n'aveût co fait tocter m' coûr.
Asteûr, c'èst vormint 'ne saqwè d' drole,
Nos vèyans dès p'tits pihe-è-lét
Qui hantèt tot z'alant st-è s'cole, } *bis*
C'èst todis pé ! (*bis*)

III

D'avance lès ourlodjes èlèctrique
Rotît dèdja cou-d'zeûr, cou-d'zos ;
Asteûr, i nos fårè, ma frique,
Sayî d' loukî l'eûre å solo.

Dispôy' qui l'orlodjî dèl vèye,
Dièrinn'mint lès a co r'tapé,
On l' zè veût turtotes sins awèye... } *bis*
C'èst todis pé ! (*bis*)

IV

Fait-i tchaud, n'a-t-i dèl poussîre,
Fait-i bîhe ou bin dè grand vint,
Lès fontin-nîs, nos d'vans bin l' dîre,
On n' lès apârçût nin sovint.
Lon dè boulvârd, i fât qu'on s' séwe,
Ca, d' poussîre, on z'è st-èwalpé.
C'èst qwand i ploût qu'is s'pritchèt d' l'èwe... } *bis*
C'èst todis pé ! (*bis*)

V

Avou l's' autos qu'i n'a s't-èl vèye,
Lès motociclètes èco pus,
On n' wèse pus roter sol pavèye
Sins aveûr pawe d'èsse bouhî djus !
S'on n' si d'mèsfiyîve â Pont d's-Âtches,
Dizos l' tram on sèreût r'côpé !
C'èst-èwarant lès djins qu'on s'prâtche, } *bis*
C'èst todis pé ! (*bis*)

VI

Qwand c'èst qu' nosse musèye di peinteûre (1)
Esteût è locâl Saint-Andrî,
On d'héve qui l' sâle èsteût trop neûre,
C'èst po çoulà qu'on l'a candjî,

(1) Le musée de peinture était alors transféré à l'ancienne Halle des Drapiers, rue Féronstrée.

Bin, cisse chal, pout chèrvi d' modèle,
On n'î veût gote, fât st-arapé !
Sol montèye i fåreût 'ne tchandèle... } *bis*
C'èst todis pé ! (*bis*)

VII

nouveau couplet (1924)

Po qui n'åye pus ottant d' saulêyes,
Vandervelde, in' ome plin d' maquèt,
Dimanda st-ås tchambes rassonlêyes,
Dè vôter l'impôt sol pèquèt.
So totes lès an-nêyes qu'on nn'è d'bite,
Dji creûs qu'on n'n'a måy' tant lapé
Qui dispôye qu'on z'a sès deûs lites ! } *bis*
C'èst todis pé ! (*bis*)

Li Hahleû

Air : Verse ma vieille.

I

Dji sos si djoyeû di m' nateûre
Qui dj'ènnè sos minme èhalé ;
Å matin, dèl nut', à tote eûre,
Li mwinde tchîtchêye mi fait hahler.
Dji rèye dispôy' qui dj' sos-t-å monde,
On direût bin qui m' måque on bwès,
Ossu, dji n' mi såreûs morfonde,
Ca dj' rèye minme sins savu poqwè...
(*riyant*) Ha ! ha ! ha ! ha ! ha ! ha !

Rèspleû

Li djôye mi monte èl tièsse,
Dji n'a pus nou ratna...
Èye ! Saint Matî ! qu' c'èst bièsse !
D'aveûr ci mèhin-là.
Ha ! ha ! ha ! ha ! ha ! (*bis*)
Èye ! Saint Matî ! qu' c'èst bièsse !
Ha ! ha ! ha ! ha ! ha ! (*bis*)
D'aveûr on s'fait riya !

II

Dji v'na sol monde avou l' hamlète,
Adon qwand l' sètche-dame mi faha
Åfisse di m' fé m' prumîre twèlète,
Dj'ô bin qui dji fa : ha ! ha ! ha !

Sûr qui l' hamlète mi pwète aweûre,
Dji n'a co mây' polou tchoûler.
Qwand dj' rèye à lâmes, on creût qu' dji pleûre,
C'èst çou qui m' fait co l' pus hahler.
(*riyant*) Ha ! ha ! ha ! ha ! ha ! ha !

(*å rèspleû*)

III

Qwand, p'tit valè, dj'aléve è s'cole,
Li maisse m'a pûni co cint côps ;
I n' poléve m'adrèssî l' parole,
Sins qu' dji n' riyasse come on båbô.
Pôr qu'il aveût 'ne si drole di cogne,
Qu'on l' baptisa d'on sobriquèt ;
D'ènnè djåser dj'åreûs bin sogne,
Ca qwand dji r'tûse à Dj'han Quinquèt,
(*riyant*) Ha ! ha ! ha ! ha ! ha ! ha !

(*å rèspleû*)

IV

Tot seû, dji rèye avå lès vôyes,
Dji sos porçûvou dès gamins ;
Minme qwand dji dwème, i m' prind dès djôyes,
A dispièrter tos lès wèzins.
Dji rèye å pont qu' dji m' tins pol vinte,
Si bin qu' l'aute djoû podrî l' palås,
In' agent m'apougna, sins minte,
Tot volant m' kidûre ås lolås !
(*riyant*) Ha ! ha ! ha ! ha ! ha ! ha !

(*å rèspleû*)

V

A tos côp bon, dj' tape ine hahlâde
Èt dji rèye minme di mès guignons ;
Dji rèye ossu qwand dj' sos malâde,
Dji rèye à totes lès ocåzions.
I m' fåt rire qwand dj' veûs l' gård-civique
Et lès pompiers, tos cès pindårts ;
Qui sont fîrs dè pwèrtèr l' fisique,
Lès djoûs qui djouwèt-st-âs sôdårts
(*riyant*) Ha ! ha ! ha ! ha ! ha ! ha !

(*å rèspleû*)

Kimint vôrîz-v' qu'on n' si mâvèl'reût nin ?

Air : Dans un grenier (Béranger).

I

Ciète, nos wårdans po todis l' caractére
Qui tot nèhant nos avans-st-apwèrté ;
Nos 'nnè vèyans di totes lès sôres sol tére,
Onk èst påhûle, in' aute èst-èpwèrté !
Ainsi, mi feume dit qu' dji sos colérique
Èt qu' dji m'èmonte sins raison, po dès rins,
Là, qu'èle mi traite di grosse bièsse èt d' bourique !
Kimint vôrîz-v' qu'on n' si måvèl'reût nin ? *(bis)*

II

Tos lès mårdis, sins måquer, mi feume bowe ;
I flêre èl tchambe à vis èpufkiner.
Po n' nin l' djin-ner, sogne dèl vèyî fé s' mowe,
Dji m'mousse al vol, èt dji m' vas porminer.
Mins so lès grés, qu' l'î fait come èl nutèye,
Dji m'sitåra s' on sèyê qu'èsteût plein ;
Bardi, bardahe, àl valèye dèl montèye !
Kimint vôrîz-v' qu'on n' si måvèl'reût nin ? *(bis)*

III

Volà doze ans qu' dji s'pôza m' grande frèzèye
Èt qu' dj'a l'infèr èl plèce dè paradis.
Qwand v'là qwinze djoûs, dj'aprinds qu'èle èst bizèye
Avou l' lodjeû, ça n' mi fat nou displi.

Lon d'èsse måva, dj'ènnè riyéve apreume,
Bin qui m' hapa totes mes çanses ; li vårin !
Min li pé d' tot, c'èst qui m' ravoya m' feume !
Kimint vôrîz-v' qu'on n' si måvèl'reût nin ? (*bis*)

IV

Nosse Lîdje, c'èst l' capitåle dèl Walon'rèye ;
Nos î pårlans tant l' francè qui l' Walon.
Si lès flaminds fèt l' maisse è nosse patrèye ;
I n' nos plait nin dè djåser leû djårgon !
C'èst-on lingadje, po nos autes, sins èhowe,
Mågré qu'on l' hågne al posse come ås Wyemins ;
S'on l' mètéve måy' so lès plaques di nos rowes,
Kimint vôrîz-v' qu'on n' si måvèl'reût nin ? (*bis*)

V

Tot loukant s' bate deûs omes, ça m' fat dèl pon-ne ;
Dji mète inte-deûs, dji r'çûva minme dès côps !
Qwand sol tchaud-fait, v'là qu'in agent s'amon-ne
Tot d'hant dèl sûre s'èspliquer d'vant l' bureau.
Mins l' comissaire brèyéve tot côp : Silence !
Qwand dji droviéve mi boke, li laid vért tchin !
I m' fat passer li nut' al parmanance ;
Kimint vôrîz-v' qu'on n' si måvèl'reût nin ? (*bis*)

VI

Come dji sortéve, l'aute djoû, dèl rowe dè Rèwe,
Adlé l' pass'rèle, dj'ô dès djins qui brèyî :
Abèye, abèye ! c'èst-ine feume qu'èst-è l'èwe...
Vite, å sécours ! sûr qu'èle si va nèyî !
Tot l' monde dihéve qui c'èsteût 'ne djon-ne kimére ;
Dji piqua 'ne tièsse èt l' ramina rat'nimt.
Qwand so l'èrive dji riknoha m' bèle-mére !
Kimint vôrîz-v' qu'on n' si måvèl'reût nin ? (*bis*)

Lambèrt al d'jambe di bwès

Air : Il avait une jambe de bois.

I

Nawère å payîs d' Lîdje,
I gn' aveût l' sot Lambèrt !
Lès gamins lî fît l' sîdje
Télmint qu' l'èsteût bambèrt.
Avou 'ne bûse èt 'ne longue frake,
Jamåy' bin agadlé ;
Il aveût l'air d'on braque
Èt n' mètéve qu'on solé.
Poqwè çoulà ?
Et bin, volà :

Rèspleû

Il aveût-st-ine djambe di bwès,
Eco pus reûde qu'on piquèt.
Come il èsteût èstroupî,
I n' poléve tchåssî qu'on pîd,
Ah !
Il aveût-st-ine djambe di bwès,
Bin qui lî måquéve on bwès ;
I t'néve on bordon è s' main
Po roter pus' åhèy'mint : Bwès ! bwès !
Il aveût-st-ine djambe di bwès !

II

Bin pus s'pitant qui l's' autes,
Lambèrt n'èsteût nin d' bwès ;
I tchèssive ås crapautes,
Èt saveût bin poqwè.
Ossu féve-t-i mèrvèye
Tot passant sol martchî,
Totes lès hoveûses dèl vèye
Sayît dèl disbåtchî !
Mins çou qu'èsteût
L' pus anoyeû !

Rèspleû

Il aveût-st-ine djambe di bwès
Èco pus reûde qu'on piquèt,
Moussèye è s' blan pantalon,
On l' vèyéve èco d' pus lon.
Ah !
Il aveût-st-ine djambe di bwès,
Bin qui lî måkéve on bwès ;
I t'néve on bordon è s' main
Po roter pus åhèy'mint : Bwès ! bwès !
Il aveût-st-ine djambe di bwès !

III

On djoû qui fat 'ne pèrtin-ne
I touma d'vins l' mwèrtî.
Il ala vès l' fontin-ne
Åfisse di s' rinètî.
Mins, sol plèce ås froumadjes.
Li batche èsteût pårfond,
Tot r'lavant sès camadjes,
I piqua n' tièsse è fond !
C'èsteût dandj'reû,
Ca l' målureû :

Rèspleû

Il aveût-st-ine djambe di bwès,
Èco pus reûde qu'on piquèt.
Come i n' saveût nin noyî,
I sâreût polou nèyî.
Ah !
Il aveût-st-ine djambe di bwès
Bin qui lî mâkéve on bwès
Il aveût s' bordon è s' main
Po s' sètchî foû dè bassin ! Bwès ! bwès !
Il aveût-st-ine djambe di bwès !

IV

Çou qu'èsteût l' pus comique,
C'èst qwand Lambèrt, brâv'mint,
Rotéve avou l' musique
Âddivant l' rédjimint.
Tot fant moliner s' cane,
Come on tabeûr-mandjôr,
On âreût dit qu' nosse yane
S'aveût fait mète on r'sôrt !
Ca po roter
Dreût, sins halter :

Rèspleû

Il aveût-st-ine djambe di bwès,
Eco pus reûde qu'on piquèt,
I sofléve come on pindârt,
Po sûre â pas, lès sôdârts.
Ah !
Il aveût-st-ine djambe di bwès,
Bin qui lî mâquéve on bwès ;
Il aveût s' bordon è s' main
Po roter pus âhèy'mint : Bwès ! bwès !
Il aveût-st-ine djambe di bwès !

V

Il ovréve al djoûrnêye,
Il èsteût k'tèyeû d' bwès.
Qwand l'eûre èsteût sonêye,
Pus awoureû qu'on rwè,
Il aléve hår èt hote,
Beûre ine gote di pèquèt,
Et, pitchote à midjote
Esteût sol houpe-di-guèt !
Mins po roter
Sins halcoter :

Rèspleû

Il aveût-st-ine djambe di bwès,
Eco pus reûde qu'on piquèt.
Come i n'èsteût pus d'aplon
I s' trèbouhîve tot dè lon.
Ah !
Il aveût-st-ine djambe di bwès,
Come i lî måquéve on bwès,
Il aveût s' bordon è s' main
Po roter pus åhèy'mint : Bwès ! bwès !
Il aveût-st-ine djambe di bwès !

Li lizîre vât mî qui l' drap!

Air : Il est de Landerneau.

I

Mi feume, pol fièsse Saint-Christophe,
Mi dèrit : Valèt,
Dji vins d'atch'ter dèl sitofe
Po fé voss' complèt.
Dji n'a mây' situ hayåve,
Mins qwand dji vèya
Çou qu'èle disployîve sol tåve,
D'on côp dji brèya :

Rèspleû

Ha ! li lizîre våt mî qui l' drap,
Ha ! ha ! ha !
C' n'èst nin sûr in' saqwè d'èxtra,
Ha ! ha ! ha !
Djans, n' fé nin tant d' vos imbaras,
Ha ! ha ! ha !
Li lizîre våt mî qui l' drap,
[våt bin mî qui l' drap.
Ha ! ha !

II

Mårtin hantéve ine crapaute,
Ine bèle èt grande djins.
Mins asteûr i hante ine aute
Qu'a bêcôp d' l'årdjint.

Qwand on lî d'mande po qu'él' cåse
I lê là Tonton
Po prinde ine sifaîte èplåse,
Al vol, i rèspond :
(å rèspleû)

III

On 'nnè veût qu'ont quéquès censes
Èt télmint d' fîrté,
Qu'is tournèt, d'vant leûs knohances,
Leû tièsse di costé.
Mågré mi, dji m' mète a rire
Di cès grandiveûs !
Èt n' pous m'èspètchî dè dire,
Qwand c'èst qu' dji lès veûs :
(å rèspleû)

IV

Qwand dji m' pormon-ne avå l' vèye,
Dji sos-st-èsbåré
Dè vèyî tant d' djon-nès fèyes,
Al nut', fé l' cwåré !
S'on veût dès brav's divins zèles,
Dji dis d' cisses qu'i n'a,
Mågré leûs bèlès dintèles
Èt leûs falbalas :
(å rèspleû)

V

Lès flamingants sont st-al tièsse
Dè gouvièrnemint,
Èt totes lès mèyeûsès plèces
C'èst po lès flaminds !

Qwand dji veûs tos cès tchinisses
Fé l' maisse è payîs,
Di zèls èt d' tos leûs minisses,
Dji rèy' èt dji dis :
(å rèspleû)

VI

Asteûr, dj'a fini m' pasquêye,
Dji vas m' risètchî.
D'aler beûre ine bone roquêye,
Dji m' vas dispêtchî.
Mi qu'a tchanté po v' complaire,
Dji n'åreûs qu'on r'grèt,
Ci sèreût di v' s'ètinde braire
Qwand c'èst qu' dj'èn' îrè :
(å rèspleû)

L'èfèt dè Prétimps !

Musique d'â minme.

I

Lès bèlès arondjes
Vinèt dè riv'ni ;
Fans dès ureûs sondjes,
L'iviér èst fini.
Avri nos rapwète
Violètes èt clawsons
Et tos lès powêtes
Rifèt dès tchansons !

Rèspleû

C'èst l'èfèt dè Prétimps,
Tot l' monde s'ènnè r'sint ;
Tot rèy' èl nateûre
Qwand l' solo s' mosteûre.
C'èst l'èfèt dè Prétimps.
Tot l' monde s'ènnè r'sint !

II

On droûve lès fignèsses
Parèye qu'è l'osté ;
Come po lès djoûs d' fièsse,
On r'pond tot costé.
Divins lès cliniques,
Djusqu'âs sots d' Lièrneû.
Lès neûrasthéniques
Dansèt tot djoyeûs : (*â rèspleû*)

III

On moûrt d'èsse dimègne,
Tot l' monde fait l' rintî ;
On dispind l'èsègne,
Come amon Tâtî.
Po s' rinde al campagne
On coûrt prinde li train ;
Chasqu'onk si formagne
Tél'mint qu'on z-a faim : *(å rèspleû)*

IV

S'on vout fé dèl sope,
On l' cût sol rèchaud ;
On n' pout dèdja hope
Tél'mint qu'i fait tchaud !
Là, tot wice qu'on s' troûve,
On tchante li bê timps ;
Mins lès feûs di s'toûve
Ni sont nin contints ! : *(å rèspleû)*

V

Må qui l' djoû n' si lîve,
Tos lès marcatchous
Ennè vont st-èl fîve,
Li banstê sol cou !
Riv'nant d'hâre èt d'hote,
Is s' fèt sôs d' pèkèt,
Et qwand l' feume barbote
Volà çou qu'is d'hèt : *(å rèspleû)*

VI

Tot avå lès wales,
Lès oûhês tchantèt ;
Divins lès rouwales,
Lès copes si tchouftèt !

Lès tchèts vont-st-à-rawe
Dèl nut' å matin
Et n' veût-on, qu' dj'arawe,
Qui cowêyes di tchins ! *(å rèspleû)*

VII

V'la qu'on s' sint malåde,
On pinse dihoter ;
On fait 'ne limonåde,
On grog ou dè thé.
Mins po d'hinde li gåre,
On n' coûrt nou dindjî ;
Ca, l'apoticåre,
Dirè « Fåt prudjî ! » *(å rèspleû)*

VIII

Mins, dj'ètinds qu'èl' såle,
On dit di m' tchanson :
Qu' sès couplèts sont påles
Et nin d'afaçon ;
Qu'èle èst pô plaihante
Et n' dit rin d' novê.
Sûr, qui l'ci qu'èl tchante
A 'ne mohe è cèrvê ! *(å rèspleû)*

Il èst riv'nou !

Air : Gastibelza ou Lèyîz-m' plorer !

I

On fél calin, m'aveût djåsé d' marièdje,
I m' vint hanter.
Quéqu' meûs pus tård, i s'piyîv' tot m' manèdje,
D'vant di m' qwiter !
Il aveût dit qu'aléve è l'Amèrique,
Mins l' laid zoulou
N'a måy' passé lès frontîres dèl Belgique,
Il èst riv'nou ! (*bis*)

II

I m'aveût dit : Abèy', rindez-m' mès cåyes,
Èstant måvas.
In' aute qui mi, vis donrè mutwè l' påye.
Dji m'ènnè vas !
Li cèlèrat m'åreût fait toumer mwète,
S'èsteût d'manou.
Mins, v'là qu' dèl nut', îr, tot disfonçant l' pwète,
Il èst riv'nou ! (*bis*)

III

On pout bin dire qu'il aveût l' narène fène,
Li calfurtî !
Èt c'saveût-i qui dj'èsteûs-t-orfulène,
Là, so m' qwårtî.

Lès quéquès çanses qui dj'aveûs di m' matante,
Qwand 'll' a morou,
Après l' s'avu stu beûre avou s' « djumante »
Il èst riv'nou ! (*bis*)

IV

Dj'aveûs trîmé po lî fé fé 'ne mousseûre
Èt l' bin fièstî.
Mins, l' bê djodjo, qui n'inméve qui dè beûre,
L'a bin r'nètî !
On djoû, sol Bate, tot z'alant vèy' lès coûses,
Tot batant noû !
On m' vina dire qu'èsteût-st-è fond dèl Moûse !
Il èst riv'noû ! (*bis*)

V

C'èst-on flamind qu'èst-ossi plat qu'ine régue,
Maîgue come on deûgt.
Il èst pus reûd qu'ine rècène di Måstréque,
Et grand boûrdeû !
Il èst malåde, il a må tos sès mimbes,
Li lêd tchènou.
Dj'èl comptéve mwért dispôy' li meûs d' Sèptimbe,
Il èst riv'nou ! (*bis*)

VI

Po nos ètinde, impossibe, li laid måye,
Esteût djalot !
Qwand dji sortéve, si dji m' féve on pau gåye,
I div'néve sot.
Li p'tit Toumas, qui m' vèyéve è catchète,
Esteût l' bin-v'nou.
Volà qu'asteûr dji n'li pous pus pèrmète,
Il èst riv'nou ! (*bis*)

Lès mâgriyeûs

Air : Le médecin rigolo.

I

On ô bin sovint dès djins qui s' plaindèt ;
Qui sont mågriyeûs, èt qui s' morfondèt
Po çou qu'is n'ont nin co wangnî l' gros lot
Di l'emprunt d' Brussèl ou l'ci dè Congo.
Mi, dj' n'a måy' avu nole obligåcyon,
Ni minme on bilèt di l'èxpôsicyon ;
Portant, dès bilèts, dj'ènn'a-st-avu m' pårt,
Mins c'èsteût todis dès cis d'å Lombård !
Li ci qu'ènnè vout, pout 'nnè fé l' hasård.

II

Èt tos lès pèheûs, zèls ossu, s' plaindèt;
Is sont mågriyeûs, minme, is s' morfondèt
Qwand is ont pinsé fé come Marcatchou
Et qu'is n'ont hapé qu'ine vèye banse sins cou !
Is fèt dès mèssèdjes, is n' sont måy' contints,
Is brèyèt todis sol plêve ou sol vint.
Mi, dj'a 'ne fèy' situ pèhî sol canål,
On m'a rascråwé d'on procès-vèrbål,
Adon, dj'a co d'vou passer l' tribunål !

III

Et lès cåbartîs, zèls, ossu, s' plaindèt ;
Is sont mågriyeùs, minme, is s' morfondèt
Po çou qu' tot l' monde coûrt à l'èxpôsicyon
Et qu'is n' vindèt pus nole consomåcyon !

Si c'èsteût a r'fé dihèt-is, turtos,
I gn'a nouk di zèls qui souscrîreût co.
Et bin, nos caf'tîs sont trop pô r'mouwants
Et z'ont-is l' mâleûr dè n'nin èsse Almands ;
C'èst là qu' lès Lîdjwès lèyèt leûs aidans !

IV

Et lès pauvriteûs, zèls, ossu, s' plaindèt ;
Is sont mågriyeûs, minme, is s' morfondèt
Po çou qui n'ont mây' avu nou s'pågne-må
Po tchèssî l' misére èt s'pani leûs mås.
S'is trovahît 'ne boûse, is sèrît-st-ureûs,
Is porît, mutwè, viker so blans peûs.
Et bin, åd'fait d' boûse, dji n'a mây' trové
Qui dès flates di vatches å mitant d' nosse pré !
Ci n'èst nin çoulà qui m'åreût såvé !

V

Et nos consèlyers, zèls ossu, s' plaindèt;
Is sont mågriyeûs, minme, is s' morfondèt
Po çou qu'is n' polèt trover nou plac'mint
Po fé mète à Lîdje on p'tit monumint !
Ci sèrè co pôr on fameû disdu
Qwand is d'vront tchûsi 'ne plèce å « Faune mordu »
S'on m'èl dimandéve, à mi, dji direûs :
Hèrez lès turtos sol Boulvård d'Avreû !
Ainsi l'onk so l'aute, is n'åront nin freûd !

VI

Adon lès hoveûses, zèles ossu, s' plaindèt;
Eles sont mågriyeûses, èles si morfondèt
Po çou qu'on l' zî fait hover lès potés
Dèl plèce dè tèyåte avou leûs cûrês !

Dj'a volou sèpi po quélès raisons
Eles volèt wårder leûs ancyins ramons ?
Eles m'ont rèspondou : Nos avans pinsé
Qu'a Lîdje, i n'aveût d'jà dès cûrs assez
Avå lès pavêyes, a d'veûr ramasser !

VII

Èt lès pormineûs, zèls ossu, s' plaindèt ;
Is sont mågriyeûs, minme, is s' morfondèt,
Avou lès autos, lès trams tos costés,
Onk di mès wèzins, îr, m'a raconté :
Qu'aveût s'tu dîmègne askû d'on vélô,
Et qu' dispôy' il a bin dè må si g'gnio.
Bin mi, so çoulà, dji lì d'has : M' pauve vé,
Atch'tez 'ne savonète, alez-s' lès laver !
Po lès mâssîs g'gnios, c'èst çou qu'i fåt fé.

VIII

Et tos lès Walons, zèls ossu, s' plaindèt;
Is sont mågriyeûs, minme, is s' morfondèt
Po çou qu'is n' polèt-st-aprinde li flamind
Po z'aveûr ine plèce å Gouvièrnèmint !
Is noumèt l' wastate, on lingadje di sot,
Tot d'hant qu'is n' sårît 'nnè ritni nou mot.
Et bin, mi, po m' pårt, dj'èl troûve on pô crou,
Qwand dj'ô bin qu'ine gate, ça vout dire on cou !
Dji dis qui l' wastate èst-on laid sam'rou !

Ni tchaud ni freûd

Air : Les compensations.

I

On veût brâmmint dès djins sol tére
Tchoûkî leû narène divins tot ;
Qu'ont-st-on si mâvas caractére,
Qu'is trovèt-st-a r'dire so turtos.
Mins come fèt tos lès bons apôtes,
Dji m' dis tofér : « Çou qui n' cût nin
Por mi, dj'èl lês broûler pol s'autes »
Dji n'a ni tchaud ni freûd là-d'vins.

II

Mi mére èsteût-st-ine pitite feume
Tote souwêye, qu'aveût todis freûd.
Ele ni dwèrméve qui d'vins dès pleumes
Et s' pauve kwérp èsteût todis reûd.
Ossu, qwand dj'èsteûs-st-èl mapemonde
Dji m'aveûs dis, dispôy' longtimps :
« Bah ! dji n'a d' keûre d'aler sol monde »,
Dji n'a ni tchaud ni freûd là-d'vins.

III

Ènn'a tant qui s' pwèrtèt sol lisse
Dès candidats âs élèkcyons
Et qui catchèt d'zos leû pèlisse
Leû coleûr èt leûs opignons.

Mins mi, dji n'a po tote casake,
Qu'on pèlé såro so mès reins,
On n'mi såreût fé r'tourner m' frake !
Dji n'a ni tchaud ni freûd là-d'vins.

IV

L'aute djoû, dj'ô brêre a Coronmoûse :
Å sécours ! Ine feume va nèyî !
Al baye, dji cora d'ine pleinte coûse
Et dji m' dèris, d'vant dè plonkî :
Dj'a dèl concyince èt m' coûr si sére
Qwand c'èst qu'dji veûs pèri 'ne brave djins!
Mins tant qu'a rapèhî m' bèle-mére!
Dji n'a ni tchaud ni freûd là-d'vins.

V

Mès camarådes mi traitèt d' bièsse !
Di båbinème èt d' bwègne luskèt !
Et s' rafiyèt-is d'èsse al fièsse,
Po m' fé monter sol bourikèt.
I parètreût minme qu'on raspågne
Po louwer li tch'vå d'å molin...
Mi dj'inme ottant d'aler so l'ågne !
Dji n'a ni tchaud ni freûd là-d'vins.

VI

Dj'a todis r'kwèrou lès feum'rèyes,
Dj'èl z-inme èt dji n' såreûs minti,
Divins leûs blagues èt leûs rîrèyes,
Onièsʼmint, qwand dji m' pous d'vèrti.

Mins qwand c'èst qu' dj'ètinds dès coméres,
Qui s' quarèlèt, dji m' dis sovint :
Tchoûkî m' narène è leûs afaîres ?
Dji n'a ni tchaud ni freûd là-d'vins.

VII

Tos lès tchanteûs sont målåhèyes
Et comptèt todis sol sukcès,
Mi, dji tchante, adon, « Pète qui hèye ! »
C'èst-après côp qui dj' veûs çou qu' c'èst.
Qu'on dèye qui m' tchanson n'èst nin bèle,
Ou bin qui gn' a nol èsprit d'vins,
Qu'on m'aplaudihe ou qu'on m' hufèle :
Dji n'a ni tchaud ni freûd là-d'vins.

N'a-dju nin bon ?

Air : Dji l'a roûvî.

I

N'oyez-v' nin tötes cès gueûyes à blame
Qui brèyèt tot k'hagnant lès djins ?
Po çou qu'on v' veûrè fé 'ne madame,
On v' troûvrè lès pus laids mèhins.
Mins, por mi, dji n'a nole èhowe
Di tos cès vårins qui m' fèt l' mowe.
Dji m'amûse èt qwand dj'a l'îdèye
Di m' fouter 'ne preune à l'ocåsyon,
Qu'a d'dju d'keûr di tot çou qu'on dêye !
N'a d'dju nin bon ? (*bis*)

II

On z'a chaskeun' si caractére,
Chaskeun' si manîre dè viker.
Si l' bon Diu m'a mètou sol tére,
Ci n'èst nin sûr po m' fé r'naker.
Mi, dji tchante, dji potche èt dji rèye
Et dji beûs dès gotes à tchèrêye !
Dji lês lès tourmints po lès autes ;
Dji kwîre à fé glèter m' minton
Avou l' botèye èt lès crapautes...
N'a d'dju nin bon ? (*bis*)

III

Pus d'on grand vantrin sins cowète,
Çou qu'on lome dès « Dji vous, dji n' pous ! »
Avou mi, fèt todi bèrwète,
Ca, dji lès traite di panècous.

Ci n'èst qui l' grandeûr qui lès bloûse,
Po quéqu' frans qu'is-ont st-è leû boûse.
Mi, qwand dji m' vous mète è ribote,
Si minme dji n'a nou patacon,
Sins djin-ne, a crédit, dji beûs l' gote
N'a d'dju nin bon ? (*bis*)

IV

On dit qui m' visèdje si boûzèle
Po çou qu' dji beûs trop' di pèkèt ;
Qu'ènnè pous-dj', don mi, si dj'infèle !
Si dj'inme mî l' gote qu'on bon boquèt !
Dji d'vins tot rond, dji n' pous pus hope...
Mins, vormint, dji n' sos nin plin d' sope !
Come santé, dj'èn' a sûr ine råre,
Et mi stoumak n'èst nin d' cårton !
Dji n' va måy' à l'apoticåre !
N'a d'dju nin bon ? (*bis*)

V

On dit, qui tofér on m' ramasse
So lès pavêyes, di tos costés ;
Qui dj' sos div'nou 'ne vèye ragognasse
Et, qui d' mi, lès djins sont d'gostés.
Ossu, dj' lès èvôye al djalêye !
Qu'is brèyèsse après mi : saulêye !
Si c'èst qui m' narène divint rodje,
On l' veûrè co çoulà d' pus lon !
Tant qu' dji mète mi djêve è carodje,
N'a d'dju nin bon ? (*bis*)

VI

Qwand dj' sos hiné, dj'a l' coûr plin d' djôye !
Dji tchante co pé qu'on råskignoû ;
Mins qwand l' police mi veût so s' vôye,
Dj'a co pus d' cint z'èfants a m' cou.

Adon, po z'arindjî l'afaire,
I m'èl fåt sûre å comisssaire ;
Di n' savu roter, dj' fais lès kwances,
Èt l'agent m'èmon-ne tot dè lon
È vwètûre disqu'à l' parmanance..,
N'a d'dju nin bon ! (*bis*)

VIII (*pol bis*)

Ine mohète ! ine roquêye ! ine låme !
On hassèlt ! on pièle ! on tchikèt !
On gendarme ! on hèna qu' rispåme,
On frèsé ! 'ne grande gote ! on pèkèt !
On gèniéve ! on ch'nik ! ine tchèsseûte !
Ine ragognasse ! ine halbèskeûte !
Ine haute ! on kilo ! on sistème !
On Djåque ! on placou ! quéqu's hûfions,
Ni m'ont måy' rèfûsé batème !
N'a d'dju nin bon ? (*bis*)

Djans, Nanète !

Air : Viens poupoule.

I

Sèm'di passé, rintrant d' l'ovreû,
Dj'èsteûs tot awoureû.
Dji d'ha st-a m' feume : Volez-vini ?
Nos îrans nos d'vèrti.
Oûy', å Cåveau, tos lès plankèts
D'hèt leûs novès bokèts.
Aprèstez hayèt'mint l' soper
Nos îrans lès hoûter.
Est-c' conv'noû ?
Etindou ?
Vos n' m'avez nin rèspondou !

Rèspleû

Djans, Nanète, (*bis*), Djans !
Lèyîz-v' a dîre, alez,
Ni m' fé nin tant pîler,
Ah ! djans, Nanète, djans, Nanète, djans !
Vinez, vos årez bon
D'oyî nosse vî walon !

II

I n' fåt wère di timps po s' moussî,
On z'è vite ahèssî ;
Mètez vosse rôbe èt vosse tchapê,
Ci sèrè sol côp fait.
Vos savez qu'amon cès djins-là,
On n' fait nou falbala,

Mi, dji n'årè qu'a mète on col
Et dj' sèrè prèt' al vol.
Dj'a quéqu' frans,
Nos nn'îrans,
Sûr qui nos nos amûs'rans !

(*å rèspleû*)

III

Qwand on a trîmé sîh longs djoûs
Et qui l' samin-ne èst foû,
On z'a si bon dè n' pus tûser
Et d'on pô s'amûser.
S'on n'aveût måy' on p'tit rakwérd,
On toûn'reût vite a mwért.
On deût viker d'vant dè mori,
C'èst çou qu'i fåt kwèri.
Quéques moumints
D'agrèy'mint
Nos fèt roûvî nos tourmints !

(*å rèspleû*)

IV

Come i s' pout fwért bin qu'on dans'rè
Qwand l' concèrt finih'rè,
Dji v' ritins dèdja pol polka,
Li valse èt l' mazûrka !
Et come dji sés, qwand vos dansez,
Qu' vos nn'avez måy' assez,
Dji v' påy'rè, s'i fait tchaud,
Po v' rimète on p'tit pô :
Dès liqueûrs,
Dès doûceûrs,
Dès wafes èt dès oûs cûts deûrs !

(*å rèspleû*)

V

Nos frans come si nos hantîs co,
Dji v' dîrè dès doûs mots;
Vos m' noum'rez : Vosse pitit Lèyon !
Et mi : Mi p'tit poyon !
A cabasse, tot dè long dè quai,
Nos r'vinrans l' coûr ètê ;
Doûc'mint, sol boulvård Frère-Orban,
Nos assîr so quéqu' ban.
Finålmint,
Påhûlmint,
Dji v' dîrè-st-amoureûs'mint :

Rèspleû finål

Djans, Nanète ! (*bis*) Djans !
Lèyîz-v' a dîre, alez,
Ni m' fé nin tant pîler,
Ah ! djans, Nanète, djans Nanète, djans !
Vinez mi p'tit poyon ?
Vinez, vos årez bon !

Po buskinter Matante !

Air : Li p'tite tchèrète.

I

Po fé d' l'oneûr a c' bê magn'hon,
Qué grand djoû nos rassonle ;
Louquîz don, Matante, qu'èle a bon
Di nos r'vèy' tos èssonle !
Tos sès nèveûs sont-st-acorous
Avou l' mène soriyante ;
Di lådje èt d' lon, nos èstans v'nous,
Po buskinter Matante !

II

Dj'ô bin qui nos èstans turtos
Fîrs d'on s'fait parintèdje ;
Pus d'on roy' vôreût candjî s' no,
Po r'monter d'in' ostèdje,
Disconte li ci d'a Lempèreûr. (1)
Li grandeûr lès èstchante !
Èt, c' n'ont-i, come nos autes, l'aweûr
Di buskinter Matante !

(1) Couplets d' circonstance à l'ocasion dèl fièsse d'a Madame Lempereûr.

III

A fwèce dè tant tchanter, dj'a seû,
Mi pauve gozî gatêye,
Èt come dji n' vous nin beûre tot seû
Apontihez l' botèye.
Tos lès cis d'chal, qwand is sont sôs,
N'ont nin l' bwèsson mètchante.
Alons, haye, qu'on beûse on bon côp,
Po buskinter Matante !

MONOLOGUES

Çou qu'on veût
èt çou qu'on n' veût nin

Premier prix au concours littéraire du Caveau Liégeois.

On brave ovrî beût quéquès gotes,
I halcote, on l' mosteûre å deûgt ;
I s' trèbouhe èt tome èl corote,
 C'èst çou qu'on veût !
Mins lès ritches, zèls, qu'ont d'vins leû cåve,
Dès crotêyès botèyes di vin
Qu'is buvèt st-a toumer d'zos l' tåve,
 On n'èl veût nin !

In' ome, avou l' grandeûr èl tièsse,
Brê çou qui magne èt çou qui beût ;
Å prumî rang, s'i n'a 'ne grande fièsse,
 C'èst lu qu'on veût !
Mins, è s' mohone, come in' ermite,
I vike sins måy' riçûr in' djins,
Èt dire çou qui cût è s' marmite,
 On n'èl veût nin !

In' èfant vis vint d'mander 'ne çanse,
I rote pîds-d'hås, li p'tit brubeû ;
In' agent l' mon-ne al parmanance,
C'èst çou qu'on veût.
Mins s'i l'arive måy' ine bataye,
Qui l' song coûrt dèl nut' å matin,
Li police à sogne d'avu s' daye !
On n'èl veût nin !

Ine djon-ne fèye po nouri s' vèye mére
Toumêye vève dispôy' dih-ût meûs,
S'oûveûre mwète po tchèssî l' misére...
C'èst çou qu'on veût !
Mins tant dès p'titès damzilètes,
Moussèyes di vroûl ou bin d' satin,
Wice vont-èles kwèri leûs twèlètes !
On n'èl veût nin !

Å tèyåte, s'on z-a l' gozî sètch',
On sût l' vôye dè bufèt, tot dreût ;
D'on plakeû, v's' alez r'laver l' bètch',
C'èst çou qu'on veût !
Mins, seûy-t-i dit, sins fé nou r'proche
Å bê moncheû qui beût si bin,
Qwand vinrè s' toûr d'aler a s' potche,
On n'èl veût nin !

Èl vèye, s'i n'a lès grandès êwes,
On va d'ner l' creûs a quéqu' mossieû
Qui bråklêye èt qu' pol dindjî s' sêwe...
C'èst çou qu'on veût !
Mins si c'èst-on houyeû, qu'è beûre,
A såvé lès cis qu'èstît d'vins,
On pass'rè oute d'ine sifaite keûre,
On n'èl veût nin !

Tot loukant passer 'ne dimwèzèle
Qui vint d' sôrti foû d' mon l' kwèfeû,
Vos brèyez sol côp : Qu'èle èst bèle !
C'èst çou qu'on veût !
Mins s'èle a dès mèhins à mak,
S'èle pwète dès fås tch'vèts, dès fås dints,
Ou s'èle a minme on få stoumak,
On n'èl veût nin !

On djon-ne ome hante avou 'ne djon-ne fèye,
Is sont tot sots, tot awoureûs ;
Is s' djurèt d' s'inmer tote leû vèye !
C'èst çou qu'on veût !
Mins, marièye, èle divins coquète
Måltraite si pauve ome di vårin !
Èt l' bê paradis qu'on s' promète,
On n'èl veût nin !

A Lîdje, in' ètrindjîr qu'inteûre,
Admirêye noss' qwårtî d'Avreû ,
Li torê, lès autès posteûres,
C'èst çou qui veût.
Dumont, Grètry, n'ont-is nin 'ne bèle ?
Charlemagne ossu, qui s'tind l' main ?
Mins l' vî Beekmann èt Laruèlle,
On n' lès veût nin !

L'absoûte

Ine hårdêye cloke hiltêye a mwért !
. . . .
Li grand neûr cofe èst d'vant l'èglîse.
Quî sèreût-c' bin qu'î va prinde djîse ?
C'èst l' grand Mårtin, in' ome si fwért !...
Èye, a-t-i s'tu lontin malåde ?
On dit qu'èst mwért tot subitmint...
On n' veût nolu po l'ètèrmint,
Lu, qu' aveût tant dès camarådes !

Ine hårdêye cloke hiltêye a mwért !
. . . .
C'èst-ine absoûte qu'èst bin timprowe.
Et n' veût-on co nole djins sol rowe,
Ca, d'vant sèpt eûres, i n' fait nin clér...
On dit qu' lès cis di s' parintèdje,
Qui comptît so bêcôp d'aidans,
N'ont rin trové d'vins lès ridans...
I sèrè vite fait, va, l' pårtèdje !

Ine hårdêye cloke hiltêye a mwért !
. . . .
N'èsteût-i nin èrî di s' feume ?
Siya, por lu, c'èsteût 'ne laide pleume !
Is n'ont co måy' avu l'akwérd !...
C'èsteût portant ine feume tote-oute,
Qui n'aveût måy' kinohou qu' lu.
Djans, c'èsteût-on hurlubèrlu !..
Dji creûs qu'on z'a fini l'absoûte.

L'onêtité va tot costé!

I n'a brâmmint dès djins sol tére
Qui n'ont nole civilizâcyon ;
C'èst-ine honte èt minme ine misére
Por zèls èt po tote li nâcyon.
Mins mi, dj'ènn'a, dji m'ènnè vante,
Ca tot wice qui dj' sos-t-invité,
On m' mète tofér adlé l' chèrvante...
L'onêtité va tot costé !

Al Bovrèye, adlé l' Vélodrome,
Dji m' porminéve bin pâhûlmint.
Tot d'on côp, volà qu'on pauve ome,
M'arêne avou s' calote è s' main.
I voléve avu, l' pauve vî-stoke,
On p'tit bokè d' role po tchiker ;
Dji lî d'na l' ci qu' èsteût st-è m' boke...
L'onêtité va tot costé !

Qwand c'èst qui m' feume a toumé mwète,
Li djoû di d'vant si-ètérmint,
On camarâde qu'aveût r'çû 'ne lète,
Mi dèrit, tot m' sitrindant l' main :
Dji m' frè, po 'ne sifaite kinohance,
On vrêye plaisir d'î v'ni, savez.
Dji lî dèris : Mèrci d'avance !
L'onêtité va tot costé !

On djoû qu' dji m' trovéve al campagne,
Sol côp d' doze eûres, amon m' pårain,
Avou lu, n' vout-i nin qu' dji magne,
Dismètant qui dj' n'aveûs nin faim.
Pol complaire, dji fas quéquès fwèces,
Mins lu m' dihéve : Magnîz, don, fré...
C'èst todis po taper ås bièsses !
L'onêtité va tot costé !

Djåsant di spôrt èt d' gimnastique
Divins l' cåbarèt d' mons Grofis,
Volà qu'on randahe, ine pratique,
Vint nos dire tot djåsant di s' fis :
On pout lî mète lisqué qui c' seûye
Po lûter, po s' bate ou boxer,
D'on côp d' pogne i v' sipèye vosse gueûye !
L'onêtité va tot costé !

Tos lès oûhês d'ine minme covèye
N'ont nin turtos li minme coleûr ;
Divins lès pourcês, c'èst parèye,
Ci chal èst blan, cilà tot neûr.
Mins qwand in' èfant vint sol tére,
Seûye-t-i rossê, bwègne ou houlé,
Tot l' monde dit qui ravisse si pére.
L'onêtité va tot costé !

On côp qui dj' tchantéve à 'ne swèrèye
Dinêye par on cèke d'agrémint,
On mimbe qu'aveût prusté l'orèye
Mi v'na fé ci p'tit complumint :
« Sûr, qui dj' n'a måy' tant ri di m' vèye ! »
Qué bê talent qu' t'as po tchanter !
On n'èl dîreût jamåy' a t' vèye...
L'onêtité va tot costé !

Hîr-ût djoûs tot qwitant l'ovrèdje,
Dji rèscontra l' frèsé Houbèrt,
Et come dji lî féve on mèssèdje
Nos nos arèstîs sol trotwér.
Ni v'la-t-i nin qu'ine grande souwêye !
È plein, so mi-aguèsse, vint roter,
Tot m' traitant d' grosse bièsse èt d' saulêye !
L'onêtité va tot costé !

Après avu s'tu fwért malåde,
Dj'èsteûs div'nou come on crotchèt,
Èt tot m' vèyant st-al porminåde,
On m' comptéve in' oûhê pol tchèt.
A mi-minme, on m' dèrit st-ine fèye,
Qui dj' n'îreûs pus lon sins d'hoter,
Qui faléve m'ènnè fé 'ne îdèye !
L'onêtité va tot costé !

Lès sotès djins !

Qwand c'èst qu'on tape on côp d'oûy' avå l' monde
Èt qu'on veût d' près lès cis qu'î sont k'sèmés,
S'on voléve måy' fé chèrvi s' pène di fronde,
En' n'åreût bin qui sèrît-st-abîmés.
D'abôrd lès cis qui l' djalos'rèye kimagne
Dè vèyî d'ner d' l'ovrèdje a leûs wèzins
Èt qui rouvyèt qu'i fåt bin qu' tot l' monde magne...
Lès sotès djins !

Ènn' a co bin qu'ont dès fåssès îdèyes,
(Qwè qui volèsse passer po fins mådrês)
Divins l' måle tchance ou d'vins lès maladèyes
On l'zès veût co consulter lès macrês.
Lès toûrciveûs profitèt d' leûs crèyances
Pol z'î conter totes sôres di baragwins,
Dismètant qu' zèls, ènnè sont-st-à leûs çances,
Lès sotès djins !

On dit qu'ènn'a bècôp qui pièrdèt l' tièsse
Avou l' grandeûr, i n'a rin d'èwarant.
On 'nnè veût tant qui hågnèt leû ritchèsse
Po s' fé valeûr èt s' mète å prumî rang.
On 'nnè veût minme divins nosse gård-civique
Qu'ont dès panaches èt dès golés d'årdjint,
Qui paràdèt po mostrer leû tunique. .
Lès sotès djins !

On veût sovint dès ovrîs sins ovrèdje,
Tchèrdjîs d'ine feume èt d'ine niyêye d'èfants ;
Qu'ont tant qwèrou qu'ènnè pièrdèt corèdje
Èt qui buvèt pôr leûs dièrains aidants !
Là-wice qu'is d'vrît mostrer l' pus d' caractére,
Is s'implihèt po bani leûs chagrins,
Èt l' lèddimin is ont co pus d' misére,
Lès sotès djins !

Enn'a qui n' vikèt nin foû dèl police ;
D'ine couyonâde ènnè fèt dès råtchås
Èt n' sont contints s'is n'alèt d'vant l' djustice
Plaitî leû câse avou quéqu' avocât.
Tos cès tièstous frît brâm-mint mî d' s'ètinde
Ca l' tribunål lès condan-nèt sovint
Chaskeun' ås frais, åddizeûr d'ine aminde,
Lès sotès djins !

Kibin nn'a-t-i qui fèt dèl politique
Et qui n'inmèt qu' lès omes di leû pårti ?
Avou lès autes, is sont pés qu' dès ètiques
(Et l' gros pèhon magne åhèy'mint li p'tit).
Di leûs principes, is volèt fé 'ne sintince !
Libèråls ! djuifs ! frans-maçons ! calotins !
N'avangn's nin tos nosse libèrté d' concyince ?
Lès sotès djins !

Dès autes ont fait dès mèrvèyes, al s'ètinde,
Èt lanwihèt après 'ne décoråcyon.
Li spot nos dit qu'on n' piède rin po ratinde,
Qu'is n'si mètèsse nin d'vins l' désolåcyon.
On nn'a co fait nawère ine grande fornêye
Et come ènn'a pus bêcôp qu'ènn'ont nin,
Is porît bin ènnè r'çûr ine pougnêye !
Lès sotès djins !

Qu'on rèspèctêye èt qu'on mète è l'istwére
Lès nos dès cis qu'ovrèt po leû nâcyon ;
Pol bin dè peûpe, (on s'ènnè fait ine glwére),
Mins d'hans dès cis qui r'boutèt l'instrukcyon
Èt qui volèt, sins astème âs ravadjes,
Civiliser lès nègues èt lès indyins,
Qwand leûs payîs ridohèt co d' såvadjes !
Lès sotès djins !

I s' pout bin, chal, qui n'a dès cis qu' vont dîre :
Qui dj' sos hayåve èt vormint mâgriyeû ;
Qui, so turtos, dji voreûs taper 'ne pîre,
Èt qu' çou qu' dj'a dit ni frèt nin l' monde mèyeû.
Bin, à cès-là, dj' èlsî tap'rè 'ne parèye,
Si dj' èl-s' anôye èt si dji sos londjin,
Dj' èlsî dirè qui n'inmèt nin qu'on rèye,
Lès sotès djins !

I n'a rin d'vins !

Couronné au concours littéraire du Caveau Liégeois.

Pol ritchâ, li vèye èst sol monde,
On vwèyèdje di djôyes èt d' plaisirs ;
Qui ploûse, qui djale, sol machine ronde,
I pout, tofér, avu sès d'sirs.
Mins l' pauve, qu'a 'ne vikârèye amére,
Qu'a-t-i d' keûr di çou qu'il advint ?
Li monde, por lu, n'èst qu'ine chimére...
I n'a rin d'vins !

Ci-chal, c'èst-on pilé dèl boûse,
Fwért kinohou d'vins lès candjeûs ;
C'èst-on trimleû qui wadje âs coûses
Avou lès çances dès p'tits bordjeûs.
Tot d'on côp, ènnè va po Doûves
Tot d'hant qui s' deût rinde à Lovain,
Adon, s'cofe-fôrt, qwand c'èst qu'on l'droûve,
I n'a rin d'vins !

On méd'cin si boute è l'idêye
Qui vint dè dishoviér li s'crèt
Po r'wèri totes lès maladèyes,
Qui mây' pus nole djins ni d'hotrè !
Ci r'wèriheû-là n'èst qu'in' âgne !
On brâkleû come on nn'ô sovint...
L'oû qu'a pinsé ponre n'èst qu'ine hâgne,
I n'a rin d'vins !

Èt l' galant qui hante ine djon-ne fèye,
Qui djeûre dèl sipôser, tot fant
Qu'on pô pus tård, i s' moque di lèye,
Qwand c'èst qu'èle raskôye in' èfant !
Qui dist-i, qwand l' bâcèle èl blâme ?
I dit qu'èle n'a qu' çou qui lî r'vint ;
Ci kwért-là, sins coûr èt sins âme,
I n'a rin d'vins !

Èt cila qui k'hèye si cou-d'tchåse
So lès bans d' l'Univèrsité,
Qui s' louke è mureû qwand i djåse
Pinsant d'èsse li glwére dèl cité.
Volà treûs côps qui fait bèrwète
Po passer s' dièrin èkzåmin ;
C'èst-on grand vantrin sins cowète...
I n'a rin d'vins !

Li crohe-patårs qui mète è crèsse,
Lès aidans qu'il a st-èrité,
Qui lê s' famile divins l' détrèsse
Lu, qu' poreût fé tant d' tcharité !
Lès bonès oûves, i lès roûvèye,
Mins qwand c'èst qui s' dièrin-ne eûre vint,
Si r'kwîre çou qu'a fait d' bon è s' vèye,
I n'a rin d'vins !

In' aute, å pouvwèr politique,
S'a fait noumer a l'élèkcyon ;
I vout fé di s' posse, ine botique,
Lon d'ovrer pol bin dèl nåcyon.
I ravisse li cockrê d' Mérmwète,
On l' veût toûrner à tos lès vints.
Cist ome-là n'èst qu'ine marionète,
I n'a rin d'vins !

Après, c'èst l'avocåt Pèlète !
Il a d'vou lèyî-là l' mèstî
Po div'ni mahureû d' gazète,
I n'åreût måy' polou plaitî.
I s' hére tot wice qui n'a dès fièsses,
On dit qu' c'èst po s' mostrer ås djins,
Bin, qu'i våye å djårdin dès bièsses ! (1)
I n'a rin d'vins !

Adon-pwis, vochal ine djon-ne fèye,
On direût qu'èle ni pout roter ;
Divins sès håres, èle èst fahèye
Tot z'åyant l'air di s' bin pwèrter.
Ele sèreût vite trawêye dèl bîhe,
S'èle disféve måy' tos sès cossins ;
C'èst-on fat-d'ohês d'vins 'ne tchimîhe...
I n'a rin d'vins !

Èt pwis, l'auteûr qui s' vante dè s'crire
So 'ne samin-ne, sîh èt sèpt tchansons,
Qwand dji l'ô pårler, dji deûs rire,
I l'ouveûre sùrmint al façon !
Pol payîs, ci sèreût 'ne ritchèsse,
Mins on lî d'mandreût bin d'ou vint
Qu' sès bokèts n'ont ni cou ni tièsse...
I n'a rin d'vins !

(1) Jardin d'Acclimatation.

Intche !

(*po feume*)

On s'pot, ine atote, on côp d' gueûye,
Ou minme on mot, si laid qui seûye,
Qu'on ètind dîre èstant èfant,
On n'èl roûvèye mây' èstant grand.
Tos lès cårpês dè Trô Masintche,
Avît-st-on mot qu'is d'hît sovint
Qwand 'ne sakwè n' èlsî conv'néve nin :
Intche !

I n'a dès ovris sins narène,
Qu'ont dès mèstîs qu' odèt l' pufkène.
Volà, come è mèstî d' trimpeû,
On broûle totes sôres d'afaires è feû.
Adlé nos autes, amon l' vî Clintche,
Qwand on broûléve lès vîs ohês,
Tot l' monde ènn' aléve sol Trihê :
Intche !

Qwand dj'aléve è s'cole, lès bèguènes
Dèl rouwale dès Bènèdictènes,
Brèyît, come dès sourdauts mayèts,
Sor mi, tot loukant mès cayèts !
Come dji féve sovint dès tètches d'intche,
Qwand dji ralètchive mès pâtés,
Dj'ètindéve brêre di tos costés :
Intche !

Avou m' camarâde Vèronique
Dj'aléve è djårdin Botanique,
Et qwand c'èst qu'on djon-ne afronté,
Voléve mi v'ni djåser d' hanter,
Dji racoréve pol rowe Bassintje,
Tot brèyant st-å p'tit halcotî,
Qui m' porçûvéve po m' rabrèssî :
Intche !

Dispôy' qui dj'sos st-ine grande djon-ne fèye,
Dj'âreûs bin hanté pus d'ine fèye,
Mins qwand i s' présinte on pårti,
A m' mame, ènnè fåt nin moti !
I n'a todis 'ne sakwè qui clintche,
Onk, c'èst-on ci ! l'aute, c'èst-on là !
Et mi, po d'mani come çoulà :
Intche !

Dji n' vous nin portant m' fé bèguène,
Eco mons wåkî Sainte-Cath'rène.
I m' sonle qu'a l'adje qui dj'a, portant,
Dj'a bin l' dreût d'aveûr on galant !
Å réze d'oûy', dji prindrè mi r'vintche ;
Al prumîre ocåzion qu' dj'årè,
Dji prindrè m' gosse èt dj' lî dirè :
Intche !

Djubilé

(Tåvlê dèl rowe).

È grand vinåve, å son dèl cloke,
On coûrt vèyî lès vîs mariés.
Zèls, lon d'ènn' èsse contråriés,
Ont minme on riya so leû boke.
C'èst qu'is v'nèt dè r'sinti d'on côp,
Tot come å bê djoû d' leû marièdje,
Après cinquante ans d' bon manèdje,
L'amoûr èt l' boneûr ! C'èst bêcôp !
Moussîs di leûs pus bèlès håres,
Is avancihèt tot doûc'mint,
Tot s'trindant dès pougnèyes di mains,
Tot l' long dèl vôye, à Dj'han, à Båre.
Anfin, ci n'èst qu'ine èclameûr
Di leû mohone djusqu'à l' Violète,
Wice qui l' vî mayeûr deût l'zî r'mète
On sov'nir èt l' bouquèt d'oneûr.
C'èst-adon qu'après l' cèrmonèye,
Lès djubilaires èt leûs èfants
Rotèt-st-à cabasse, tot sûvant
A p'tits pas, podrî l'årmonèye.
Lès invités sont tot djoyeûs,
Ca c'èst-ine ocåsion fwért bèle
Dè nahî d'vins pus d'ine tchapèle
Et d'oyî dès clapants rèspleûs.

A Monsieur Raymond Poincaré, Président de la République Française.

Binvnowe

Sonnet figurant au Livre d'Or lui offert par la Ligue Wallonne à l'occasion de sa visite à Liége.

Salut, bê Présidint, inmêye imâdje dèl France !
Nos v' sohêtans l' bin v'nowe è nosse vigreûse cité ;
Vos, qu'a timpèsse ovré pol bin d' l'ûmânité ;
Qui nos ècorèdja divins nos djoûs d' sofrance !

Hoûtez tos lès vivâs qui sôrtèt foû d' nos coûrs !
Lès grandès èclameûrs di nosse peûpe èl liyèsse !
Louquîz lès mèye drapês qui flotèt s-t-âs fignièsses,
Çoulà n' vât-t-i nin bin lès pus clapants discoûrs ?

Come jamây' è l'istwére on haut fait ni s' roûvèye,
Si noss' Lîdje arèsta lès mâheûlés Al'mands,
C'èst grâce à nos sôdârts, â Djènèrâl Léman !

Adon, po rinde oneûr al bravoûre di nosse vèye,
Vos l' vinez décorer, nosse Lîdje, qui nos inmans !
Ci djoû chal, Présidint, sèrè l' pus bê d' noss' vèye.

31 Janvier 1919.

Al France

LI SONG' GAULWÈS.

Nos lès avans vèyou vos bês sôdårts di France ;
Leûs clapants rédjumints, tot coviérts di lawris !
Nos lès avans fièstî, nos sôdårts favoris ;
Nos lès avans bèni, li djoû dèl dèlivrance !

Is avît so nos coûrs ine si fwète assètchance,
Qu'is div'nît, d'on plin côp, nos grands èfants chèris !
Et, nos avans wårdé, l'onk èt l'aute, l'assurance
Qui n's-èstîs, tot bon'mint, mouwés d'on minme èsprit !

I nos sonléve oyî gruziner è l'orèye :
« Li France avou l' Bèlgique sont lès deûs soûrs-patrèye »
Pusqu'èles ont tot parèy', leû lingadje èt leûs lwès !

C'èst-st-insi qu' lès èfants dèl vigreûse Walon'rèye,
Tot loukant dèfiler vos bês sôdårts, ma fwè,
Ont sintou d'vins leûs von-nes, cori dè song' Gaulwès !

CHANSONS FRANÇAISES

Au Drapeau !

(Marche Patriotique)

***Dédiée** à la Société Royale des Ex-Sous-Officiers de l'Armée **Belge** à Liége.*

*Musique de **Ch. Gaucet.***

I

Marchons ! groupés sous la noble bannière
Que nos aïeux déployèrent jadis
Quand l'étranger, franchissant la frontière,
Croyait chanter notre « De Profundis ».
Sous tes longs plis, étendard de victoire,
Les Belges ont conquis la Liberté ;
Tes trois couleurs ont leur titre de gloire.
Drapeau ! nous te jurons fidélité !

II

Quand sous tes plis à la teinte sanguine,
Le sol était rougi du sang des vieux ;
On te pressa sur plus d'une poitrine
Et, des mourants, tu reçus les adieux.
Tous ces héros, les yeux remplis de larmes,
Dans un hourra, chantaient l'Egalité,
A notre tour, si l'on criait : Aux armes !
Drapeau ! nous te jurons fidélité !

III

Ta teinte d'or, ta teinte d'immortelle,
Sur le tombeau, ou dorment ces vaillants,
Brille toujours, et, sur la Citadelle,
Fièr étendard, brave les assaillants !
Dans le danger, à la première amorce,
Nous qui vivons pour la Fraternité ;
Aux cris sacrés : « L'Union fait la Force,
Drapeau ! nous te jurons fidélité !

IV

Ne cache pas sous ta teinte funèbre,
Ton vieux lion qui ne peut vivre en deuil ;
A la lumière, il doit rester célèbre,
La liberté ! n'est-ce pas son orgueil ?
Sous-officiers, salut à la Belgique,
Au Grand Albert, notre roi respecté,
Salut à toi, bannière monarchique !
Drapeau ! nous te jurons fidélité !

Les Braves de l'Yser

(Chanson Patriotique)

Musique du même.

I

Au son d'une marche guerrière,
Qui donc s'achemine là-bas,
Dans ces tourbillons de poussière ?
Crédié ! mais ce sont nos soldats.
Çes hommes à face énergique,
Ce sont les braves de l'Yser.
Ce sont les héros de Belgique,
Vainqueurs des aigles du Kaiser.
Ce sont nos palmes de victoire.
Ce sont nos lions de combats.
Ce sont nos trophées de gloire.
Citoyens, devant eux, chapeau bas !
Devant eux, chapeaux bas !

II

Notre valeureuse Belgique
N'était plus qu'un bout de terrain,
Qu'une résistance héroïque
Avait fait barrière d'airain !
C'était dans un coin de la Flandre :
Les Belges, Wallons et Flamands,
Avaient juré de le défendre
Contre les Reîtres allemands !
Nos fiers boucliers à mitraille,

Ces bronzes, qui ne bronchaient pas,
Formaient la vivante muraille !
Citoyens, devant eux, chapeau bas !
Devant eux, chapeau bas !

III

Luttant contre la horde immonde ;
Du Roi, secondant les efforts ;
Aux cris : Dinant, Louvain, Termonde !
Nos fils ont su venger nos morts !
Gardiens de la terre chérie ;
Soutiens de la neutralité ;
Sous le drapeau de la patrie,
Ils vont, chantant la liberté !
Partout où le droit les réclame,
Ils marchent, bravant le trépas ;
Ce sont des vaillants qu'on acclame !
Citoyens, devant eux, chapeau bas !
Devant eux, chapeau bas !...

IV

Allons, Belgique ! ôte ton glaive,
Ton nom marquera désormais !
Déjà, ton aurore se lève,
Grande, brillant plus que jamais !
C'est l'heure de la délivrance,
Belges, trop longtemps humiliés ;
Ouvrons nos cœurs à l'espérance :
Voici nos puissants alliés !
Ces preux, dont les exploits se tracent,
En lettres d'or, sur les états.
Ce sont nos Rédempteurs qui passent !
Citoyens, devant eux, chapeau bas !
Devant eux, chapeau bas !

Salut petits soldats !

(Chanson Patriotique)

Air : Flotte petit drapeau.

I

Quand, lâchement, l'insolente Allemagne,
Lança sur nous, ses bataillons d'airain,
Petits soldats, aussitôt en campagne,
Vous avez su leur barrer le chemin !
Ame de gueux, boucliers à mitraille,
Qui défendez nos libertés, nos droits ;
Nobles héros de nos champs de bataille,
Nous admirons vos sublimes exploits !

Refrain

Salut petits soldats !
Si grands dans les combats.
Enfants de la Belgique,
Preux au bras énergique.
Vaillants gardiens de la neutralité,
Nous saluons en vous : La Liberté !

II

L'ogre géant qui croyait vous abattre
Et vous disait des soldats de carton,
Quand vous luttiez un homme contre quatre
Et décimiez les régiments teutons !

Liége, pour eux, fut une immense tombe ;
A leur élan, vous mîtes le hôla
En en faisant une énorme hécatombe,
Devant vos forts, dit forts de chocolat !

(*au refrain*)

III

En vous, enfants d'une glorieuse race,
Bouillonne encor le sang de vos aïeux ;
Et notre histoire où votre nom se trace,
Rappelera vos titres valeureux !
Mais où l'on vit vos actes admirables ;
Ce fut, surtout, sur les bords de l'Yser,
Où l'agresseur aux assauts inlassables,
Ne put franchir la barrière de fer !

(*au refrain*)

Quand l'amour veille

Air : Le Macchabée.

I

En pleine jeunesse
Sans qu'on se connaisse,
Avant qu'amour naisse,
On s'est rencontré.
Connaissance faite,
Certain jour de fête,
Et dans l'entrefaite,
L'amour s'est montré.

II

Que le jour se lève
Ou bien qu'il s'achève,
On n'a plus qu'un rêve ;
Le cœur est heureux.
Et de la fillette,
Gentille et coquette,
On fait la conquête ;
On est amoureux !

III

On s'écrit des choses,
Des vers et des proses,
Que des lèvres roses
N'osent énoncer :

De folles prouesses,
Des mots, des tendresses,
Des riens, des faiblesses,
Qu'ont veut effacer.

IV

Mais quand l'amour veille,
Le cœur se réveille
Et plus que la veille,
Il se sent épris.
Comme l'hirondelle,
Il ouvre son aile,
Pour voler vers « celle »
Celle, qu'il chérit.

V

Et sans verbiage,
Pour suivre l'usage,
De son mariage,
On fixe le jour.
Puis, à la mairie,
Où rien ne varie,
Vite on vous marie
Le cœur plein d'amour !

VI

Et la destinée
Bénie ou damnée,
En cette journée
Marquera le sort.
Si la Sainte flamme
Qui brûle en notre âme,
Jamais ne s'entame ;
C'est jusqu'à la mort !

VII

On dit que tout passe,
Tout casse et tout lasse ;
Que l'amour s'efface,
Quand viennent les ans.
Mais, quand le cœur aime,
D'un amour extrême,
Il garde quand même
Bien des feux brûlants !

VIII

Et sans défaillance,
Plein de confiance,
C'est une alliance
Que le ciel bénit.
Quand le cœur enserre
Dans tous ses viscères,
Un amour sincère,
On est bien uni !

Aux bords de la Meuse

(*Barcarole*)

Musique de E. Jacob.

I

Sous un ciel privé de lumière,
L'ombre éplorée de Lison,
Penchée au bord de la rivière,
Epiait l'obscur horizon.
Adorable, belle et candide,
Elle confiait de son cœur,
Aux échos du soir sa douleur,
D'une voix plaintive et timide :

Refrain

Hâte toi, mon beau nautonnier,
De hisser ta barque légère
Et vers celle qui t'est si chère,
Ramène ton coquet voilier.
Que la brise, docilement,
Te reconduise, viens, je t'attends !

II

Du plus précieux de mes charmes,
Ah ! viens tarir sous tes baisers,
La source des brûlantes larmes
Que ton absence fait verser.

Dieu puissant ! serait-ce une étoile
Qui soudain se montre à mes yeux ?
Non, car dans ce point nébuleux,
Je reconnais sa blanche voile !

Refrain

Hâte toi, mon beau nautonnier,
D'arrimer ta barque légère
Et vers celle qui t'est si chère,
Ramène ton coquet voilier.
Qu'à toi, la brise, porte l'élan
Du cœur de Lise qui t'aime tant !

La Kultur Allemande

(*Déclamation*)

Vous ne les chantez plus vos fameux *gloria*.
Les chants du *Vaderland*, vos *Ave Patria !*
Et vous ne faites plus, pareil à des recrues,
Sonner vos lourds talons sur le pavé des rues.
Votre pas de parade, on ne l'aperçoit plus ;
On en aura trop ri, ce qui vous a déplu.
Comment n'avez vous pas mis le peuple à l'amende ?
Car rire est un délit, en Kultur allemande !

Pour le respect du droit de la neutralité,
Sachant ce que valait votre moralité,
Nous n'avions pas en vous la confiance entière !...
Quand vous avez franchi, lâchement, la frontière.
Vous pensiez prendre Liége en un seul tour de main,
Mais nous avons osé vous barrer le chemin !
Pour votre cher Kaiser, la déception fut grande...
Alors se dévoila la Kultur allemande !

Rageant de ne pouvoir vous dire triomphants,
Vons avez fusillé hommes, femmes et enfants,
Après leur avoir fait subir tous les outrages !
Vous avez mis à sac et brûlé nos villages.
Les civils, devant vous, servaient de boucliers
Quand vous marchiez au feu contre les Alliés !
Les Huns, auprès de vous, n'étaient que contrebande ;
Ils ne connaissaient pas la Kultur allemande !

Par vos mains incendiaires et vos bombardements,
Vous avez culbuté nos glorieux monuments,
Nos beaux hôtels de ville et nos anciennes halles,
Nos temples de sciences, enfin, nos cathédrales !
Ces superbes joyaux, dont vous étiez jaloux,
Vous les avez couchés, vous les mettrez debout !...
L'Allemagne vaincue, à l'heure de débande,
Apprendra ce que vaut sa Kultur allemande !

La Complainte du Kaiser

Air : Le vieux mendiant (de Delmet).

I

J'avais rêvé prendre Paris,
Violant la faible Belgique ;
Sa résistance me surprit :
Je ratai mon plan stratégique !
De mes projets qu'en a-t-on fait ?
Au fond d'une fosse commune
Ils ont échoué, c'est parfait,
Et, pleurons au clair de la lune !

II

J'avais les plus beaux régiments
De tous ceux que portait la terre :
Des dragons blancs et des uhlans,
Mais il ne m'en reste plus guère !
De mes soldats, qu'en a-t-on fait ?
Dis-le moi, Belgique importune.
On me les faucha, c'est parfait,
Et, pleurons au clair de la lune !

III

J'avais des obusiers fameux,
De vrais articles d'Allemagne ;
On n'en connaissait pas comme eux,
Ils sont restés dans la campagne !

De mes canons, qu'en a-t-on fait?
Çe Krupp va m'en porter rancune!
On me les a pris, c'est parfait,
Et, pleurons au clair de la lune!

IV

J'avais dans mon amirauté
De terribles vaisseaux de guerre,
Que jalousait par leur beauté
Même la perfide Angleterre.
De ma flotte, qu'en a-t-on fait?
Elle, forte comme pas une!
On la confisqua, c'est parfait,
Et, pleurons au clair de la lune!

V

J'avais le défaut pernicieux
De vouloir dominer le monde;
Je me croyais le dieu des dieux
Quand je reçus le coup de fronde.
De ma couronne qu'ai-je fait?
Car mon empire et ma fortune
Sont anéantis pour jamais,
Et, pleurons au clair de la lune!

A Monsieur Gustave Dupont

Président de la Société Royale des Ex-Sous-Officiers de l'Armée Belge à l'occasion de sa décoration de la Croix Spéciale des Mutuellistes et de son dixième anniversaire.

Air : Le beau chef de musique.

I

Je viens en ce beau jour de fête
Au nom de tous nos bons amis,
Dont je me suis fait l'interprête,
Vous féliciter, aujourd'hui,
Pour la Croix de Mutuelliste
Que vous venez de remporter
Car vous êtes un de la liste
Qui puissiez le mieux la porter.
Elle est la récompense
D'un labeur imposant
Que la persévérance
Poursuit depuis dix ans ;
C'est le bien qu'on hérite
D'un travail bien rempli.
C'est la palme au mérite,
Au devoir accompli.
Aussi le ralliement
Se fait spontanément
Et nous battons un triple ban
En l'honneur du petit ruban.
Du même élan réunissons
Les décorés dans nos chansons,

Fêtons Dupont
Nom d'un pompon !
Par nos hourras
Et hauts les bras !
Hauts les bras ! !

II

Outre d'être un homme pratique
En fait de Mutualité,
Vous êtes un homme énergique
Pour présider la Société.
Plein d'expansion on vous admire
Dans votre honorable mission
Et vous êtes le point de mire
Au milieu de la Commission.
De cette fête intime,
Voulant dans l'avenir
Par un gage d'estime
Marquer le souvenir,
Nous nous faisons hommage,
Aimable Amphitryon
De votre chère image
Dessinée au crayon.
Et notre ralliement
Se fait spontanément
Et nous battons un triple ban
En l'honneur du petit ruban.
Du même élan réunissons
Les décorés dans nos chansons,
Fêtons Dupont
Nom d'un pompon !
Par nos hourras
Et hauts les bras !
Haut les bras ! !

Sonne Clairon !

Chant Patriotique

Dédié aux ex-sous-officiers de l'armée Belge.

Musique de Jacques Martin.

I

Sous-officiers le clairon sonne !
Comme jadis au Régiment,
Aux échos de la Brabançonne,
Nous marcherons militairement.
Sous la bannière tricolore,
Serrons nos rangs, marquons le pas,
Sonne clairon, ton chant sonore,
Les Ex-sous-officiers sont là !
Sonne clairon, ton chant sonore,
Les Ex-sous-officiers sont là,
Ah !
Oui, les Sous-off,
Les Ex-sous-officiers,
Les Ex-sous-officiers sont là.

II

Sous-officiers nous sommes frères !
Flamands, Wallons marchons unis,
Nés du même sang que nos pères,
Nous défendrons notre pays.
Si notre Belgique chérie,
Appelait un jour ses soldats,
Sonne clairon pour la patrie,
Les Ex-sous-officiers sont là !

Sonne clairon pour la patrie,
Les Ex-sous-officiers sont là,
Ah !
Oui, les Sous-off,
Les Ex-sous-officiers,
Les Ex-sous-officiers sont là.

III

Sous-officiers chantons ensemble !
Notre beffroi notre perron,
Que le même chant nous rassemble,
Vive le Roi ! notre patron.
Sa couronne, royal insigne,
Doit garder le plus vif éclat,
Sonne clairon, notre consigne,
Les Ex-sous-officiers sont là !
Sonne clairon, notre consigne,
Les Ex-sous-officiers sont là,
Ah !
Oui, les Sous-off,
Les Ex-sous-officiers,
Les Ex-sous-officiers sont là.

Oui, nous la chanterons...!

Oui, nous la chanterons, la vieille Brabançonne,
Mais avec plus d'ardeur, plus d'élan que jamais ;
Aux quatre bouts du monde il faut qu'elle résonne
Car, son chant, dans nos cœurs, vibrera désormais !
Quand nos vaillants soldats, dont parlera l'histoire,
Auront à leurs drapeaux mis leurs derniers fleurons ;
Pour fêter ces héros, vingt fois couverts de gloire,
Oui, nous la chanterons !

Oui, nous la chanterons, la vieille Brabançonne,
Quand le peuple affamé ne dira plus : J'ai faim !
Quand le brave ouvrier, atteint plus que personne,
Reprendra le travail qui lui donne son pain.
Quand souffleront les feux de la grande industrie ;
Que geindront les marteaux, puissants, des forgerons ;
Quand l'aube de la paix luira sur la Patrie,
Oui, nous la chanterons !

Oui, nous la chanterons, la vieille Brabançonne,
Pour acclamer « Albert », le plus digne des rois,
Dont la noble bravoure affermit la couronne,
Et, quand nos trois couleurs flotteront aux beffrois !
Quand les Teutons auront leur dernière défaite
Et qu'ils ne feront plus sonner leurs éperons ;
Quand leurs tambours, enfin, batteront la retraite,
Oui, nous la chanterons !

Avril 1916.

A mes Noces d'Argent !

Air : J'enterre ma vie de garçon.

I

Après un quart de siècle, unis
Dans notre bon petit ménage,
Femme ! nous voilà réunis
Comme au beau jour du mariage.
Mais dès ce soir, il conviendra,
Puisque nous finissons un terme,
De signer un nouveau contrat
Et je le ferai de main ferme !

Refrain

Amis, pour célébrer ce cher anniversaire,
Nos cœurs doivent vibrer dans un élan sincère !
Sur nos fronts, bonnes gens, que la gaîté reflète.
Je veux vous voir le cœur en fête
A mes noces d'argent !

II

Et, bien que nous n'ayons jamais
Bâtis des Châteaux en Espagne !
Tous les beaux rêves que j'ai faits,
Je te les dois, digne compagne !
Et mon amour à sa raison,
Car, grâce à toi, femme fidèle,
Le bonheur chante à la maison ;
Je ne le trouve pas hors d'elle !

Refrain

Amis, pour célébrer ce doux anniversaire,
Vos voix doivent vibrer dans un élan sincère !

Allons, mes bonnes gens, que la gaîté m'enchante,
Il faut aujourd'hui que l'on chante
A mes noces d'argent !

III

On dit que les beaux jours d'été
Ne sont pas exempts de nuage.
Nous, dans notre félicité,
Nous n'avons jamais eu d'orage.
Après le travail et l'honneur,
La richesse est une chimère,
Car, je goûte le vrai bonheur,
Entre mon cher Fils et sa Mère !

Refrain

Amis, pour bien marquer ce cher anniversaire,
Il nous faut tous trinquer dans un élan sincère,
Pour que ce jour charmant, nous reste à la mémoire,
Amis, je vous convie à boire
A mes noces d'argent !

IV

Allons, c'en est fait, mes amis,
Aujourd'hui, je me remarie.
Et n'ai plus besoin de permis,
De notaire, ni de mairie !
Oui, ce sera cela de moins.
Car de peur qu'on se scandalise,
Je veux le faire sans témoins ;
Sans le Doyen et sans l'église !

Refrain

Amis, pour bien marquer ce doux anniversaire,
Il nous faut tous trinquer dans un élan sincère.
Pour que ce jour charmant nous reste à la mémoire ;
Amis, je vous convie à boire
A mes noces d'argent !

TABLE DES MATIÈRES

Pages

www.ingramcontent.com/pod-product-compliance
Ingram Content Group UK Ltd.
Pitfield, Milton Keynes, MK11 3LW, UK
UKHW022113260726
13993UKWH00001B/481

9 782329 198293